前　言

1945年9月2日，日本代表在投降书上签字，至此，中国的抗日战争胜利结束。转眼间，70年过去了。

日本帝国主义发动的这场侵华战争，是20世纪乃至整个世界历史上最残酷、最血腥的战争。

在中国近代史中，没有哪一段历史比日本帝国主义侵略中国使中华民族遭受的灾难和压迫更为深重、更为屈辱。

由于这场战争，中国仅伤亡人数就达到了3500万，人民流离失所，财产丧失殆尽的家庭更不在少数。

然而，不能不看到，

在战争过去70年后，有人在有意识地淡忘这段历史，

“过去的就让它过去了，今后一切积极向前看”，是这种论调的代表性观点。

更有人在歪曲历史。

由日本新历史教科书编撰会推出的《新历史教科书》，对早有公论的历史事实肆意篡改。只略举几例：甲午战争的爆发，是由于“清不想失掉最后的朝贡国朝鲜，开始将日本作为敌人”；九一八事变，是由于“中国排日运动活跃”；卢沟桥事变，是因为“中国一侧对日持续射击，进入战争状态”；世所周知的南京大屠杀，该书描述为“关于这一事件的实际情况在资料上也出现了疑点，有各种各样的见解”；而对于日本的战争罪行，书中只是轻描淡写地说道：“没有一个国家在战争中没有任何杀害和虐待非武装人员的事情，日本也不例外。”这难道是我们的宽容和谅解所应得到的回应吗？

忘记历史就等于背叛，明史知耻、明史知理、明史知责。当这场战争离我们越来越远时，有理由追问：我们对这场战争，到底还了解多少，记忆了什么，理解了什么？

翻开这本书，我们可以看到侵略战争的残酷，抗战的伟大壮烈。了解这些以后，可以说，我们没有理由忘掉这场战争，没有理由忘掉侵略者那种惨绝人寰、令人发指的罪行，那种灭绝人性、泯灭良知的蹂躏；我们更没有理由忘掉那些为了民族的独立而舍命把自己的血肉化作一抔尘土的抗日先烈们。

在日本帝国主义的入侵面前，中华民族的灾难深重到了极点，中华民族的浴血反抗也沸腾到了顶点。我们经历了落后挨打的耻辱，我们更证明了众志成城的民族伟力。在抗日战争胜利70年后的今天，我们回顾历史，是因为我们深信：历史只有不断地被记起，才能对得起无数丧身在侵略者铁蹄下的同胞，才能对得起无数为民族独立牺牲的先烈，才可能将我们曾经经历的灾难与抗争融入民族的记忆中，并使其不断强化着我们的忧患意识，也不断强化着实现民族复兴的巨大动力。

抗日：中国人一定要记住的战争

谢春涛　主编
李立志　翁笑冰　编著

江西人民出版社

目　录

四、平型关战役：击破日军天下无敌的神话

五、血战台儿庄：日本现代军队的第一场大惨败

六、万家岭大捷：挥戈除小丑，弹落阵云黄

七、黄土岭伏击战：炮击“名将之花”

八、百团大战：对日军的“挖心战”

九、第三次长沙会战：太平洋战争爆发后盟军首次大捷

十、缅北、滇西反攻战：异国扬威与绝地大反击

十一、飞将军掀天揭地鬼神惊：抗战中的防空战

十二、湘西雪峰战役："皇军"成了案板上的肥肉

引子

日本打来了

日本作为一个原先并不起眼的东方小国，因胜利而让西方列强刮目相看，并使它成了暴发户。外务大臣井上馨兴奋地说："一想到现在有35000万日元滚滚而来，无论政府或私人都顿觉无比的富裕。"

1873年，在中国古老的宫殿里，同治皇帝接受外国公使的觐见。主持仪式的礼宾官为示区别对待之意，把品级较高的日本外务大臣副岛种臣的班次排到了品级较低的英、法、俄、德、美公使的后面。结果，副岛以回国相威胁，引起了一场小小的风波。

当时大多数中国人对日本的认识，存防祸之见，有轻视之心。清朝安徽巡抚英翰说得明白："日本向来为臣服朝贡之国，非如英法各国曾经明定条约者相比"。

第二年，日本以台湾土著居民杀了54名琉球渔民为由，悍然出兵台湾。中国政府有过一展挞伐之想，但沿海大吏多以战备不足为词。最后，在列强的干预下，战事以签订《中日台事专条》了结。日本得到了偿银，并借条约中"清帝国偿付日本遇难民抚恤金十万两"一句而正式阻断了琉球与中国的关系。

黄海海战之前"致远"舰部分军官在尾楼甲板通向中部甲板的舷梯附近的合影，居中双手交叉者为邓世昌，其右身穿军服者是英籍轮机长余锡尔，照片中的人们可能全部牺牲在黄海海战中

甲午海战中中国军舰 "经远"号沉没的瞬间

↑《时报》刊载的反对“二十一条”的血书：
“五月九日永记勿忘。”

↗“二十一条”签字时中日代表合影

1874年的中日冲突以清政府的迁就了事，一些有见识的中国人开始认识到日本不可等闲视之。而对于日本来说，出兵台湾不过是对外黩武的开始。1879年，日本强占曾是中国属国的琉球，改其为冲绳县。之后，日本开始染指同是中国藩属的朝鲜。中日之间的矛盾日趋尖锐，由外交对峙而转为武装对峙，最终爆发了甲午战争。

对于中日之战，中国的士大夫们自认为胜算在握，他们发出豪言壮语：日本自不量力，敢与上国抗衡，实以螳臂当车，以中国临之，直如摧枯拉朽。但战争的结果却是，1895年清政府因战败签订《马关条约》，承允朝鲜独立，割台湾及辽东半岛，赔银二万万两。

《马关条约》是1840年以来一系列中外不平等条约中最苛刻的一个，它使中国的国际地位一落千丈，引发了帝国主义瓜分中国的狂潮。甲午大败，“成中国之巨祸”，破灭了士大夫们天朝上国的迷梦。

↓在八国联军攻打北京城中，日军被分配攻打朝阳门、东直门和安定门。这是日军在列阵

↘一队日本工兵即将参加进攻北京东直门

对日本来说，一个原先并不起眼的东方小国，因胜利而让西方列强刮目相看，并使它成了暴发户。外务大臣井上馨兴奋地说：“一想到现在有35000万日元滚滚而来，无论政府或私人都顿觉无比的富裕。”

日本由此迅速跻身帝国主义列强的行列，侵华的步伐从此更加急迫和无情，中国从此更无安枕之日了：

1900年，八国联军侵华，日本出兵最多，取得了在中国天津和北京等地区的驻兵权。

1904—1905年，日俄战争在中国东北进行，软弱的清政府不顾丧权辱国之耻，划辽河以东地区为“交战区”，供日俄作战场之用。战后，日本夺得了辽东半岛的租借权以及长春至大连的南满铁路。

1905年，日军2个师团进驻东北（1919年正式命名为“关东军”），1906年，日本在大连成立南满铁路股份公司（简称“满铁”），关东军和满铁成为日本侵略中国的急先锋。

1914年，第一次世界大战爆发，日本对德宣战，把战场摆到了山东，打败德军后，日本以战胜国自居，对青岛和胶济铁路全线实行军事统治。

1915年，日本驻华公使日置益代表日本政府当面向袁世凯递交二十一条要求，5月9日袁世凯政府接受丧权辱国的“二十一条”。

1916年，由日本浪人川岛浪速任总指挥，日本下级军官、大陆浪人及特务数十人，策动第二次“满蒙独立”运动，他们联络巴布札布广招马贼5000人，谋划暗杀奉天督军张作霖，攻占奉天城，在东北建立一个由日本人控制的殖民地傀儡政权“满蒙王国”。这个被挫败的阴谋成为15年后“九一八”事变的预演。

沈阳的日本关东军司令部

一

江桥抗战：

打响抗战第一枪

江桥抗战不仅是日军发动侵华战争后的首次重大战役，也是第一次世界大战结束后国际战争中很少见的、最早的大规模战役。

1. 九一八事变

日本在第一次世界大战后的十几年来被称为“黑色的深渊”时期。8000多万人口拥挤在狭小的日本岛，而且人口还在以年均100万的速度递增，超过一半的人口是贫苦农民和渔夫，他们的收入不到国家全部收入的1/5。经济衰退，社会矛盾尖锐，工人运动、农民斗争、流产的政变不断发生。对日本统治者来说，解决危机的最好选择就是:对外扩张以寻求更广阔的生存领土和掠夺他国的丰富资源。

资源富饶的中国东北被日本称作“生命线”。日本从1905年起就在东北驻军，保护着这块土地上的日本商业利益。为寻求出路，日本统治者把侵略东北当作他们的“救命符”。

1927年4月20日，日本退役大将、政友会总裁田中义一登上首相宝座，有“东亚新体制先驱”之称的森格被任命为外务次官。当晚，田中在东京豪华的“满清酒楼”举行盛大宴会。粗壮敦实的森格当众发出誓言：“帝国的出路在满洲，抓住时机一举解决满洲问题！”6月27日至7月7日，田中义一在东京主持召开东方会议，会议提出了满蒙分离，武力解决满洲的主权问题。7月25日，田中呈给日本天皇一份题为《帝国对满蒙之积极根本政策》的秘密奏章，这一

臭名昭著“田中奏折”，提出了“惟欲征服支那，必先征服满蒙；如欲征服世界，必先征服支那”的基本国策，把征服中国东北确立为征服世界的起点。

在侵占中国东北问题上，日本关东军的表现更为急迫。1929年起，关东军参谋坂垣征四郎、石原莞尔等，先后4次组织“参谋旅行”，秘密到长春、哈尔滨等地进行战略侦察，暗中制定侵占东北的方案。1929年7月，他们到哈尔滨、长春等地研究了“攻击哈尔滨和防御海拉尔的问题”、“关于占领地区怎样统治

的问题”。不久，他们又到辽西地区研究了攻打锦州的地形和战术，制定了“夜袭弓长岭的现地研究”，还研究了“攻打奉天城要领”。

历史的车轮转到了1931年。

从年初起，关东军司令部每星期都研究侵占东北的问题。5月，在坂垣征四郎、石原莞尔等人的策划下，制定了《处理满蒙问题方案》，强调了在非常情况下，关东军自行决定占领满蒙之决心。7月31日，日军陆军省向关东军下达了解决满洲问题的指令，第二天任命本庄繁中将为关东军司令官，土肥原贤二为沈阳特务机关长，以加强入侵中国东北的军事领导。

日军侵略我东北的行动已如箭在弦，势在必发。

7月下旬，坂垣征四郎制订了在柳条湖的炸车计划。由于沈阳城防坚固，关东军将240毫米重型榴炮分解后，从日本秘密运到沈阳，以备攻打沈阳之用。8月18日，驻沈阳日军守备队在皇姑屯一带居民地进行战斗演习。8月20日，日本将其驻朝鲜的第19、第20两个师团，调往中国边境的图们江沿岸，后又将原驻

1927年日本内阁召开“东方会议”，右起第三人为田中义一

大连柳树屯的守备队，秘密调到沈阳站，并开始向沈阳的日本侨民分发枪支。9月8日，驻沈阳日军在北大营边门、合堡大街等处进行城市进攻作战演习。9月18日夜10时20分，日军按照关东军司令官本庄繁的密令，自行炸毁南满铁路沈阳北郊柳条湖的一段路轨，制造了震动中外的“柳条湖事件”。10时30分，关东军袭击东北军驻地北大营，并炮轰沈阳城。九一八事变由此爆发。

2. 不抵抗还是抵抗？

九一八事变发生时，日本关东军不过1万多人，中国东北军除中原大战后期调进关内7万人外，仍有16.5万人驻在东北。但蒋介石在1931年7月已提出“攘外必先安内”的方针，坚持以主要兵力“围剿”工农红军。面对日军的不断挑衅，8月16日，蒋介石致电张学良：“无论日本军队此后如何在东北寻衅，我军应不予抵抗，力避冲突”。9月6日，张学良致电驻沈阳东北军第7旅旅长王以哲：“中日关系现甚严重，我军与日军相处须格外谨慎。无论受如何挑衅，俱应忍耐，不准冲突，以免事端。”九一八事变发生时，南京政府仍心存幻想，电告东北军：“日军此举不过寻常寻衅性质，为免除事件扩大起见，绝对抱不抵抗主义”。

由于抱绝对不抵抗主义，日军在9月19日轻而易举地侵占了沈阳、长春等20多座城市。20日，日军继续沿南满、安奉铁路沿线的重点城镇实施进攻，追击奉命不抵抗的中国守军。21日吉林省城吉林市沦陷。日军在一周内就迅速占领了辽宁、吉林两省的30多座大中城市和大部分地区。

日本制造九一八事变，全国民众沸腾。北平、上海、南京、广州、武汉等地的学生、工人和市民群情激愤，纷纷游行示威、罢课罢工、发表通电，强烈要求政府抗日。9月28日，上海、南京的学生几千人前往国民党政府和国民党中央党部要求对日宣战，痛打外交部长王正廷。民众对张学良则更是一片谴责之声。北平各界不断派代表劝张学良，要求他抗日，劝他不要做一个留下千古骂名的逃跑将军。广西学者马君武写了一首诗讽刺张学良：“赵四风流朱五狂，翩翩胡蝶正当行；温柔乡是英雄冢，哪管东师入沈阳。告急军书夜半来，开场弦管不赶催。沈阳已陷休回顾，更抱阿娇舞几回。”痛责张学良玩忽职守误国祸民。

在全国抗日呼声的影响下，张学良痛定思痛，愤而决定对日本人采取不妥协态度。张学良于锦州重设东北边防军长官公署、辽宁省政府行署，任命张作相代理东北边防军司令长官，米春霖代理辽宁省政府主席；任命诚允代理吉林省政府主席，开府宾县；任命黑河警备司令马占山代理黑龙江省政府主席、军事总指挥任谢珂为军事副总指挥兼参谋长，率军抵抗日军北犯。

3. “一息尚存，决不敢使尺寸土地沦于异族”

关东军轻取辽宁后，本庄繁向日本陆军部建议，要想进一步占领全中国，必须先占领黑龙江，巩固了东北，才能南下。陆军部当天回电，同意先南后北方案。本庄繁接到回电，兴奋异常，将关东军下一步的进攻方向指向黑龙江省会齐齐哈尔。齐齐哈尔地处松辽平原，中东路、洮昂路在此交会，本庄繁说：“我们占领了这个地方，能守能攻，必将战无不胜”。

马占山，1885年生，吉林怀德人。九一八事变后，任黑龙江省主席兼东北边防军驻黑龙江省副司令，奋起领导江桥抗战。1933年，任军事委员会委员。七七事变后，任东北挺进军总司令，率部在晋绥抗击日本侵略军

为唾手取得黑龙江，日军收买了洮辽镇守使张海鹏，唆使其率部进攻黑龙江，夺取省政权；同时，日本当局又利用黑龙江省政府中的亲日势力，阻止黑龙江省军政当局动员军队，抵抗日军进攻。

我方当时仅有黑龙江省防军5个旅，加上参谋长谢珂率领卫队团驻防省城齐齐哈尔，兵力有限。日军步步逼近，省城一

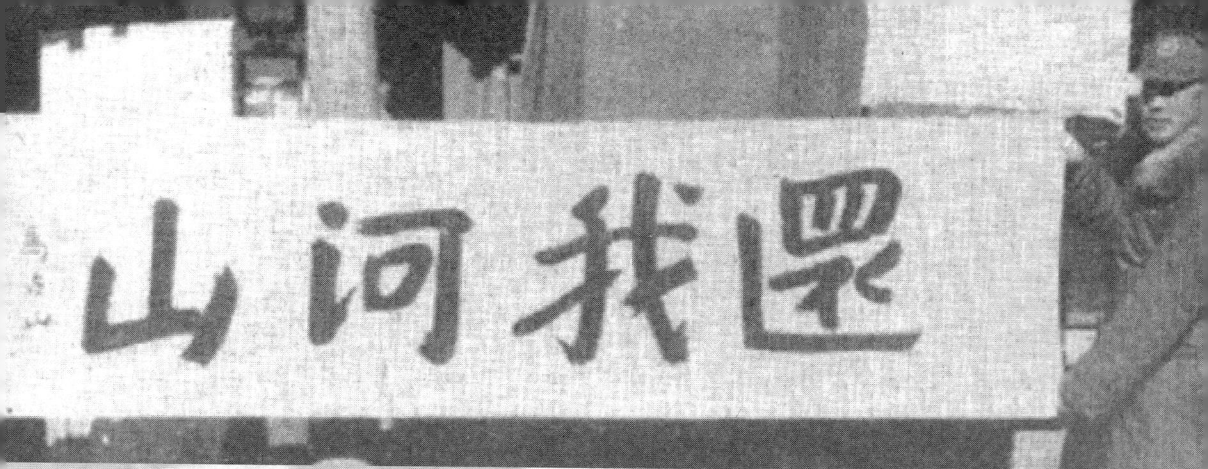

↑马占山将军书写的“还我河山”

→ 马占山

片恐慌，投降派气焰甚为嚣张，日本特务公开活动。当时马占山远在黑河一时不可能到达省城，谢珂立即召开会议，严辞痛责投降论调，表示与日军血战到底，号召全省军民齐心合力，抗击强敌。并急调齐齐哈尔周围的朴炳珊团、朱凤阳团、吴松林旅等部，集中齐齐哈尔布防，令原来在齐齐哈尔的徐宝珍团，前往嫩江桥，沿江桥东岸，以大兴火车站为中心，在约6里长的防线上，布置了2000兵力，准备迎敌。

10月16日晨，伪军张海鹏部在飞机掩护下，向我江桥守军发起进攻。

谢珂当即下令，给予痛击。在谢珂的指挥下，我军反击成功，敌先锋司令徐景隆触地雷身亡，其三个先锋团溃散，参加战斗的日军军官多人毙命。江桥抗战首战告捷。谢珂即令将江桥拆断三孔，以防止敌军再犯。

10月19日，马占山到齐齐哈尔就职。22日，马占山发表了对日抵抗宣言："当此国难之秋，三省已亡其二，稍有人心者，莫不卧薪尝胆，誓救危亡。"表达了其抗战决心。

本庄繁想逼马占山投降。他致书马占山，要求马占山让出省城，驻齐齐哈尔的日本领事清水正一照会马占山："我代表关东军向你发出最后通牒，限你的部队在24小时内撤出大桥，不然，后果咎由自取。"对此威逼，马占山以强硬措辞驳斥，指出江桥系中国主权，如日军对我存敌意或入侵我军阵地，则采取正当防御，即以武力抵抗，"一息尚存，决不敢使尺寸土地沦于异族"。

关东军为了打开向黑龙江进犯的通道，决心拿下江桥。11月4日中午，日军主力部队殿后，伪军张海鹏部当先，共4000余人，在飞机、大炮配合下向嫩江桥我军阵地发起进攻。马占山不顾国民政府不抵抗的命令，率部予以反击。狂妄已极的日本侵略军以为一攻即可占领江桥，但他们却受到入侵中国以来最顽强的抵抗和空前的打击，狼狈溃退。黑龙江守军"血战到下午8时，江北岸无敌踪。惟见血肉模糊，遗尸400余具"。次日拂晓3时，日伪军在大炮、飞机掩护下，又发起强攻，守桥驻军从正面给予痛击，敌军被迫再次撤退，日军死200余人，伪军死伤达700多人。

11月6日，日军发动了新一轮攻势。此次，日军自为先锋，张海鹏伪军殿后，守桥官兵拼命杀敌，守军战壕全被日军炮火摧毁，将士们与日军展开了白刃战，傍晚日军被击退，日机一架被击落。经过三天两夜的血战，黑龙江守军伤亡600余人，阵地被摧毁，后援断绝。马占山命令部队连夜撤出江桥至大兴阵地，至三间房一带阵地阻击日军。

马占山退守三间房后，立即重新布防，守军总兵力亦增至5000余人。12、13、14日，日伪军对三间房发动了数次攻击均被击溃。11月17日，日军发动了总攻。在三间房这个狭小的阵地中，日军动用了飞机12架，大炮百余门，总兵力达7000人左右。面对汹涌来犯之敌，爱国官兵同仇敌忾，奋勇异常，战斗进行得异常惨烈，三间房阵地也几度易手。但由于孤军血战，后援无望、弹尽粮绝，加之战壕被炸毁，官兵伤亡惨重，马占山于18日晚下令各部队向齐齐哈尔

← 中国军队与日军反复争夺的江桥(即嫩江铁桥)

↙ 中国军队在嫩江铁桥抗击日军

撤退。19日上午9时许，日军集中大批主力于距省城15里处的榆树屯，以猛烈炮火向省城发动猛攻。晚5时，日军攻陷齐齐哈尔，历时16天的江桥抗战到此结束。

江桥抗战不仅是日军发动侵华战争后的首次重大战役，也是第一次世界大战结束后国际战争中很少见的、最早的大规模战役。

战役中双方陆续投入战场的兵力达5万余人，每次交战都有数千人参加战斗。日本侵略军先后参战的有第2师团全部(长谷、天野两旅团)、铃木旅团、朝鲜混成旅团、南满铁道守备队、旅顺炮兵队及空军飞行队等，计2万余人，加上张海鹏降日伪军共3万余人，同时参战者最多达上万人。中国守军主要以马占山将军指挥的黑龙江省防军为主，另有辽宁兴安屯垦军苑崇谷部，参战将士共有13000余人，同时参战者最多有3000余人。最激烈的17、18两日，双方直接或间接参加战斗的兵力近2万人。整个战役，双方伤亡人数近2万人，日军伤亡6000余人，伪军伤亡近5000人，中国军队阵亡2000余人。

江桥抗战沉重打击了日本侵略者的嚣张气焰，反映了中国人民坚决抵抗日本帝国主义侵略的意愿，极大地鼓舞了全国人民。上海音乐家集会，为马占山谱写了《马家军之歌》，人们称颂马占山部队“孤军御寇，忠勇堪称，为民族增光”，是当代的“爱国军人”和“民族英雄”。上海、哈尔滨等地组织了“援马抗日团”，卷烟厂还生产了“马占山牌”香烟。江桥抗战是中国军队在日军发动侵华战争后第一次以反侵略姿态所进行的战役。当时国内报纸对江桥抗战予以大量报道，称此战打响了抗战第一枪。从此，中国军民的抗日武装斗争一天也没有停止过。江桥抗战揭开了中国抗日战争的序幕。

↑给日军以重大杀伤的马占山部队

→1931年11月6日，在江桥周围激战中牺牲的马占山部士兵

↘ 日军占领中国国民党黑龙江省党部

二

长城抗敌：
一寸江山一寸血

喜峰口一役战败，日本国内大哗，各大报刊登了这一消息，称此役“使日本皇军遭到奇耻大辱”。

1. 兵家必争之地

约公元前221年，一统天下的秦始皇，将修建于早些时候的一些断续的防御工事连接成一个完整的防御系统，用以抵抗来自北方的侵略。在明代，又继续加以修筑，使长城成为世界上最长的军事设施。万里长城西起甘肃省的嘉峪关，东到辽宁省的鸭绿江边，像一条矫健的巨龙，越群山，经绝壁，穿草原，跨沙漠，起伏在崇山峻岭之巅，黄河彼岸和渤海之滨，自古以来为兵家必战之地。

长城抗战作战图

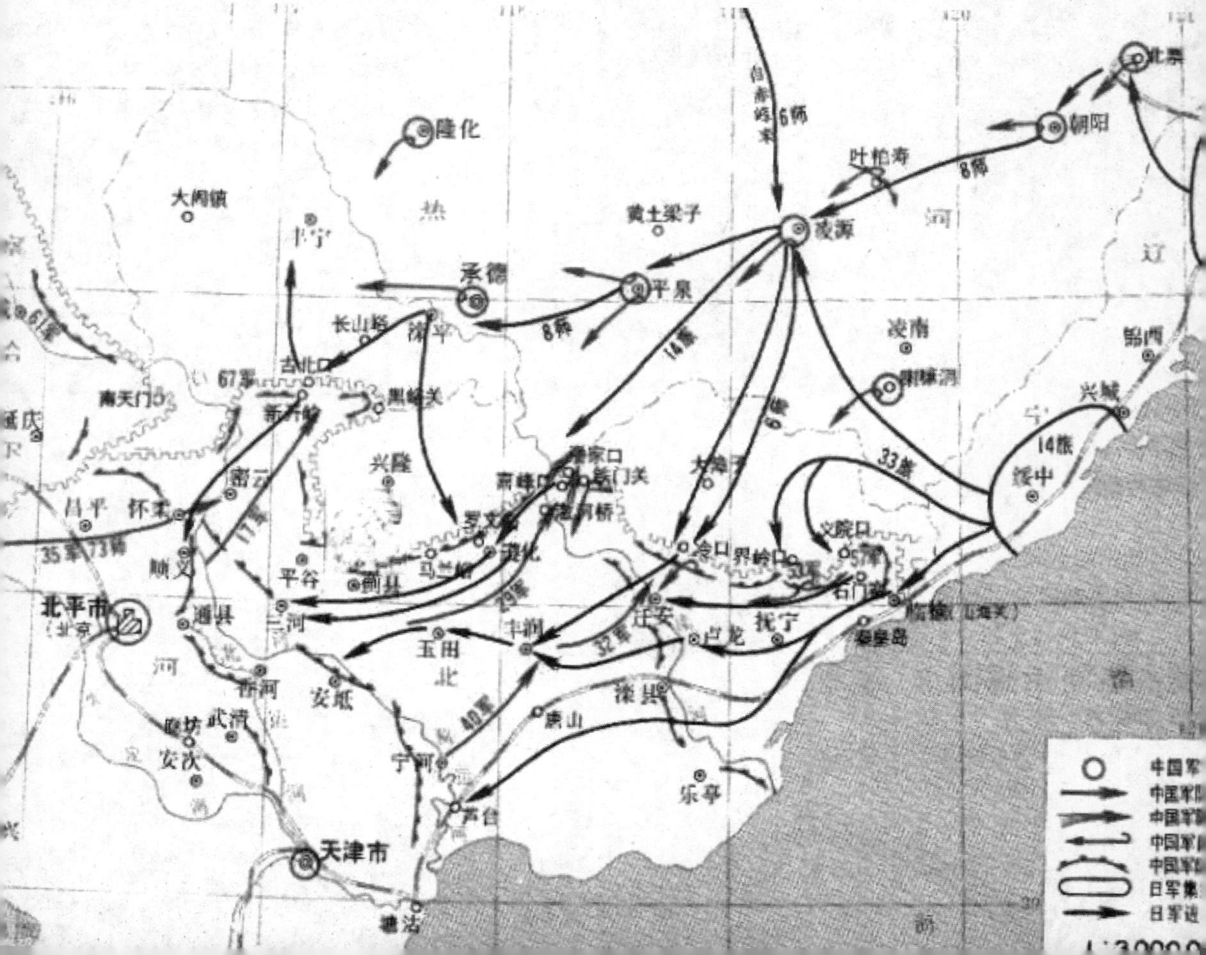

九一八事变后仅4个月的时间，日本占领了中国东北全境，并在1932年3月1日成立了伪“满洲国”。同“田中奏折”设想的步骤完全一样，“征服满蒙”只是“征服支那”的第一步。日本在东北立足后，继续向华北进犯。而要占领华北，就必须攻破万里长城。

万里长城象征着中华民族坚不可摧永存于世的意志和力量。1933年1月至5月，中国军队在长城一线对日军侵略进行英勇抗击，交战主要在山海关、冷口、喜峰口、罗文峪、古北口等地区和要隘进行。

当时日军由关东军司令官武藤信义指

中国军队战斗在古长城上

中国军队战斗在古长城上

挥第6、第8师、混成第14、第33旅、骑兵第4旅和航空兵、海军各一部4万余人及伪军3万多人，向热河及古北口以东的长城一线发动进攻，伺机进占冀东。国民党政府在中国共产党、全国人民和国民党内爱国人士一致要求抗日的压力下，由军事委员会北平分会代理委员长张学良（3月12日起由何应钦接替）指挥，先后调集14个军20余万人，力图保卫热河并依托长城阻止日军进关。

2. 从山海关到古北口

山海关作战

山海关东距沈阳400公里，西距北京300公里。背依险峻的高山，南傍滔滔的渤海。万里长城沿燕山山脉蜿蜒而下，经过角山从这里入海。山海关就屹立在角山与大海之间，形成了山、海、关浑然一体的布局。如虎踞龙盘，控制着海陆咽喉。《畿辅通志》上称山海关为“长城之枕护燕蓟，为京师屏翰，拥雄关为辽左咽喉”。故素有“两京锁钥无双地，万里长城第一关”之说。

岁月走到1933年。元旦夜11时，日军开始炮击山海关南门。中国官兵奋起反击，点燃了长城抗日烽火。

当时，驻守山海关的是东北军何柱国部。何柱国，广西容县人，深得张学良的信任。为了加强山海关的防务，张学良成立了临永警备司令部，由何柱国兼司令，并将驻扎该地区的步兵第20旅、骑兵第3旅、炮兵第7旅第15团等部，

日军在山海关附近的长城上唱日本歌

↑1932年年末独立步兵第9旅旅长兼警备司令何柱国在山海关督战，山海关于1933年1月3日失陷。12日，九门口失陷

↓山海关失陷后，举国震惊，民众哗然，这是丰子恺作的《关山月》

划归何柱国指挥。张学良激励何柱国："生者为过客，死者为归人。为了民族的利益，要坚决抗击关东军的挑战，无须多虑。"

何柱国将近4个旅的兵力按梯次布置，一个团驻山海关警戒，主力在北戴河一线机动，一旦打起来，一个团先行阻击，其余部队迅速四面包围日军，逐个歼灭。战斗打响后，何柱国来到驻守南门的第626团，告诫全体守军，要做到人在城在，与山海关共存亡。士兵向何柱国宣誓，一定要与日军血战到底。

从1月1日到3日，日军最多时出动6000多人、40门大炮，并以飞机、坦

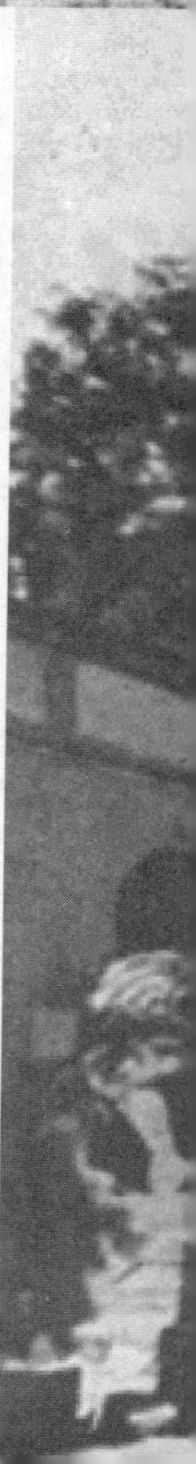

克、军舰助威，对山海关进行猛烈攻击。我守军不过千余，因南京政府不予支援，他们惟一可依赖的是千百年前古人留给他们的城墙，是一个军队为民族、为个人争生存的信念。当日军从被轰塌的豁口处蜂拥而入时，守军与日军展开了激烈巷战。中国守军第1营、第3营将士，与日军坦克、步兵殊死拼杀3昼夜，全部阵亡，实现了他们用血肉之躯再筑长城的豪迈誓言。1月3日山海关失陷，举国震惊，民众哗然。

日军占领山海关后，进攻方向转向热河（包括今河北省东北部、辽宁省西南部、内蒙古自治区东南部共22个县）、察哈尔省（今张家口地区及内蒙古南

1945年8月23日冀热辽军区第12、18团等部队解放山海关

部与河北省接壤地区）一带，试图先占领长城外侧广大地域，然后再夺取长城防线上的各战略要地，以形成南威逼华北，北占领内蒙古进攻外蒙古进而侵犯苏联的动机战略态势。3月3日，热河省会承德失守，中国军队退守义院口、界岭口、青山口、喜峰口、铁门关、罗文峪、冷口、古北口、多伦、张家口等100多个长城关口，战线长达1000多里。3月5日，日军开始分兵进犯长城各口，遭到中国驻军的顽强抵抗，展开了长达80多天的激烈的阵地争夺战。

喜峰口作战

日军进攻喜峰口的是擅长攻坚的混合第14旅团，我担任阻击任务的是号称“西北虎”的第29军。

第29军向长城一线开进时，天空下起了大雪。第29军到达长城一线后，在喜峰口对日军进行层层阻击。3月9日，日军一部攻占喜峰口口门，当天刚接防的第29军第217团，在王长海团长率领下实施反击，毙伤日军百余人，夺回该

↑军长宋哲元在前线召集军官训话

→宋哲元题字："宁为战死鬼，不作亡国奴"

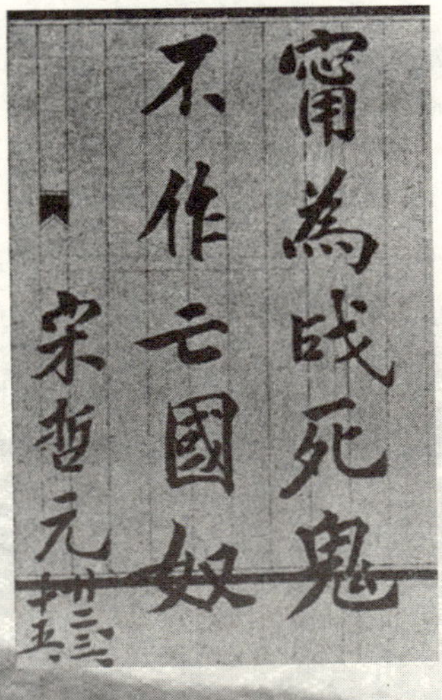

↓喜峰口地形

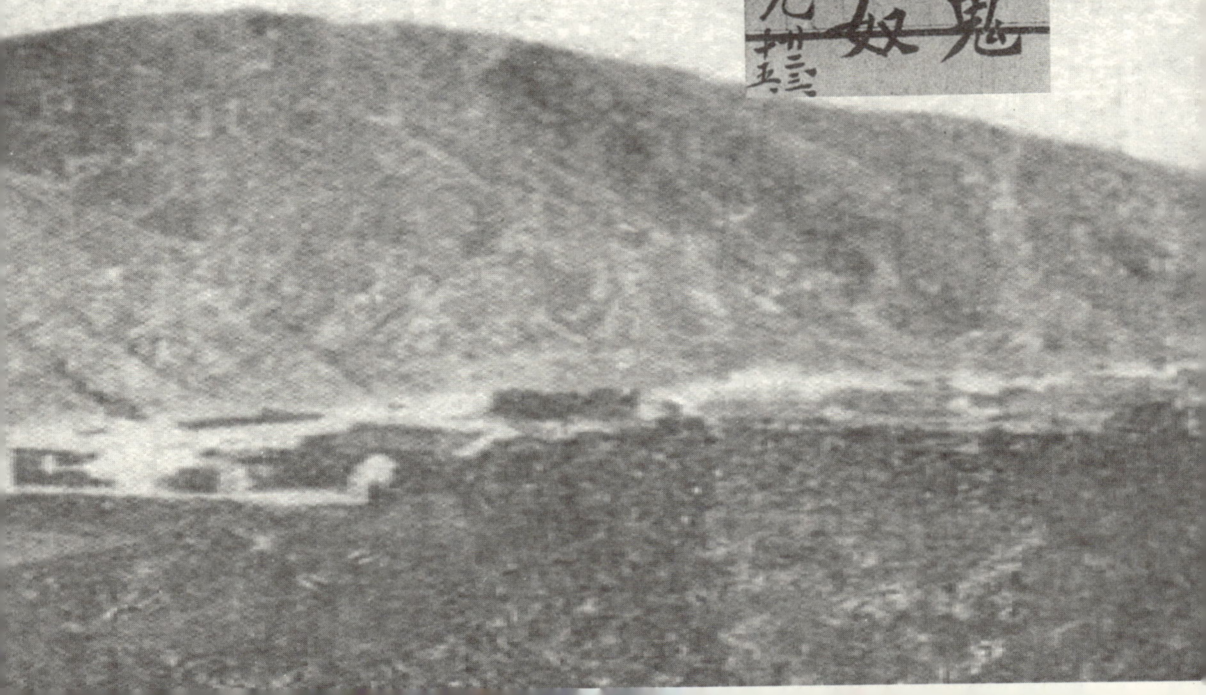

第29军阵地

口门。日军不断反扑，王团因众寡悬殊，伤亡500余人，被迫撤退，该口门被日军占领。10日、11日，日军混成第14旅进攻喜峰口第二道关门及两侧高地，我第37师与之展开肉搏战，两侧高地多次易手，双方伤亡惨重。日军遂以一部守关门，主力集中长城北侧待机。11日夜，第29军乘日军疲惫之际，以约2个旅的兵力采取迂回夜袭战术，绕至敌后，重创日军，摧毁其火炮10余门。此后在第38师一部配合下，经5昼夜正面抗击与迂回敌后作战，终于迫使日军停止进攻，在喜峰口和董家口、铁门关、潘家口等地对峙。从16日起，日军改变战术，集中兵力攻夺罗文峪，企图迂回到喜峰口背后，攻击中国守军。

从3月9日到15日，第29军在喜峰口连续作战7个昼夜，日军多次强攻，伤亡达3000多人，攻占喜峰口的企图终未得逞，不得不暂时后撤。喜峰口一役战败，日本国内大哗，各大报刊登了这一消息，称此役“使日本皇军遭到奇耻大辱”。最恼怒的当属关东军司令武藤信义大将，他在给长城前线指挥官坂本中将电报中训斥道：“喜峰口一役，丧尽皇军威名！”

日军占领长城

古北口作战

参加古北口作战的中国军队主要是中央军徐庭瑶第17军和东北军王以哲第67军。

第17军军长徐庭瑶一向热心“剿共”,本来奉命到江西上饶担任赣东北清剿指挥的任务(该军第4师正在上饶一带“剿共”),在全国人民要求抗战呼声的鼓舞下,主动请缨北上,成为国民党中央军内第一位请缨抗日的将军。

3月10日,日军以每小时一队敌机往返轮流轰炸我军阵地,在敌机低空轮番轰炸之下,我军未战之前已有相当的伤亡。下午3时,日军以炮兵掩护步兵向我第17军第25师最右翼龙儿峪阵地及第67军第112师右翼将军楼阵地开始试探性攻击。次日拂晓,日军开始总攻。战斗极为惨烈,我第25师第149团团长王润波阵亡,师长关麟征被手榴弹击伤,第25师除在河西镇之第150团伤亡较小外,其余均伤亡惨重。12日拂晓,敌增加重炮及飞机向我全面攻击,主力指向第25师第145团,同时以大部兵力向我右翼延伸包围,战况较前两日更为激烈。部队间电话被敌机炸毁,前后方失去联络,消息不通,后援不继,前方部队各自为战。至12日古北口失守,第25师退守南天门一带阵地。13日,由第17军第2师接替第25师防务,次日第83师投入战斗,击退日军后,双方对峙。

3昼夜激战, 我军作战极为英勇。第25师第145团派出的一个军士哨因远离主力,未及撤退,大部队崩溃后,仍在继续抵抗,先后毙伤日士兵百余名。后来日军用大炮飞机联合轰击,才将该哨歼灭。日军对这军士哨的英勇精神,非常敬佩,曾把 7 个尸首埋葬起来,并题“支那七勇士之墓”。

古北口作战,我军仅第 25 师一师伤亡就达 4000 余人。但敌自侵入热河以来,又一次遇到中国军队的顽强抵抗,伤亡不下 2000 人,不得不承认这一战役为“激战中之激战”。自 3 月 13 日至 4 月 20 日,将近 40 天中,敌人未敢轻举冒进。

日军在长城各口进攻受挫后,改变战术,一面进扰察东,攻占多伦、沽源、宝昌、张北诸县;一面派兵改由山海关突进滦东。4 月初攻陷石门寨、海阳、秦皇岛等地,使长城线上的中国守军腹背受敌。5 月下旬,中国军队相继放弃长

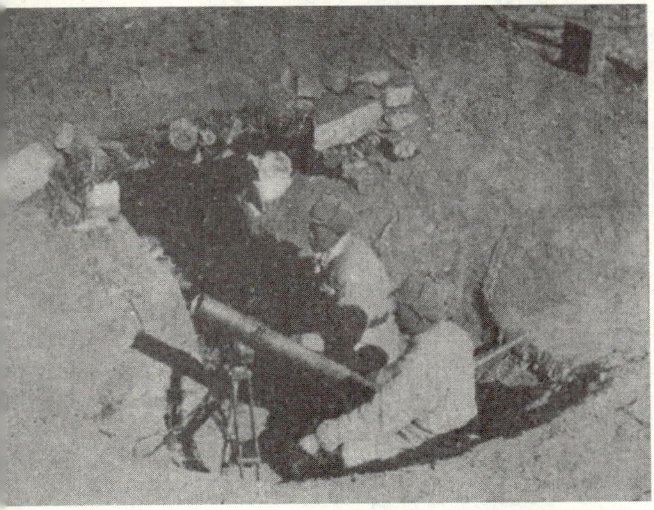

↑在古北口抗敌的第25师

←古北口第25师迫击炮阵地

↓第32军炮兵部队在冷口阵地上轰击日军

城各口，日军突破滦河，侵入滦西，攻陷冀东22县。至此，日军从南、东、北三个方向对北平形成威逼态势，长城抗战失败。

长城抗战历时80多天，中方仅第17、第29、第32、第53、第67军就伤亡1.8万余人，日方公布死伤2400人。

3. 大刀向鬼子头上砍去

长城抗战中的大刀肉搏战,值得后人永远铭记。

在争夺喜峰口孟子岭的战斗中，第110旅旅长何基沣要求士兵们打近战,多使用大刀和手榴弹。使用大刀肉搏成为我军的重要战斗形式。

第109旅旅长赵登禹见敌军已接近我军阵地，命令停止炮击，官兵冲出战壕反击。赵登禹像士兵一样,举着大刀与日军肉搏。几处高地几经得失,肉搏战达数10次之多。

在罗文峪,赵登禹旅吉星文营长,第一个跃出战壕,拿出大刀与敌军厮杀在一起。

日军占领喜峰口西侧两个阵地后,对主峰形成迂回包围态势。为把鬼子赶下山去,第29军军长宋哲元筹划出一个出奇制胜、静夜袭营的方案。他请精良工匠锻打了500把上品军刀,并挑选500士兵组成大刀队。除严格训练

第29军大刀队在喜峰口准备肉搏

率部与日军肉搏的第29军第109旅旅长赵登禹。赵登禹后被升为132师师长，"七七事变" 时不幸殉国于南苑机场

外，队长还教会了士兵背"风萧萧兮易水寒，壮士一去兮不复还"的诗句。临战，宋哲元亲赴阵前送行。他问到了一个叫侯万山的班长。

他问："你身上背的是什么？"

回答："报告军长，是大刀。"

他问："队伍明天就要出发，有话要说吗？"

一听这话，侯万山热泪簌然涌出，"砰"的一声他给宋哲元跪下了。

侯万山含泪作答："我侯万山别无牵挂，只是家有一个临产之妻，如果我壮烈了，孤儿寡母能得军长体恤，我也就死而瞑目了。"

宋哲元面对500壮士，久久，久久，只轻轻讲了一句："你们放心去吧。"

喜峰口一役，侯万山牺牲在长城脚下的罗文峪中。目击者说，他一人砍死7个鬼子，直到军刀卷刃。

遵照诺言，宋哲元派人到侯万山老家，接来烈士的妻子和一对刚刚出世的双胞胎，把他们安置在自己家里，还请来2个奶妈哺育幼婴。他对部下郑重交待：侯万山的孩子就是第29军的孩子，就是我宋哲元的孩子。这2个孩子一个就叫做宋记峰，一个叫宋记峪，作为对喜峰口和罗文峪抗战的纪念。

4. 抗战勇士的悲剧

悲剧之一：我军虽有抗日爱国的热忱，而无对日作战的经验与技术。有的士兵甚至不会使用手榴弹，未拉引线即行掷出。关麟征说，如果不是他身旁的士兵缺乏这种最基本的作战技能，他是不会受伤的。

悲剧之二：广大官兵虽有同仇敌忾的激情，但部队作战物质匮乏。第25师

2月25日由徐州出发，3月份的伙食费还没有领到，后临时在地方上借了10万元，部队才能开动。当时古北口一带冰天雪地，而第25师到达时，尚是赤足草鞋；至于大衣等防寒服装，则更是谈不到。后勤部队卡车只能供运输弹药之用，粮秣运输全靠骡驮和牛车。

悲剧之三：抗战勇士在前线浴血奋战，而国民党政府却在施行“一面抵抗，一面交涉”的投降外交。在我军实行主动的迂回敌后袭击敌人的战术时，何应钦却责备各师长说：“你们这样干，会惹起敌军进攻的，你们不出长城口去打他们，他们是不会大举进攻的”。徐庭瑶也认为敌人大举进攻南天门，是各师别动队在敌后活动所引起的，他在战斗报告中就这样写：“此为战事剧烈之一大原因也”。

由此，便酿发了抗战勇士的最大悲剧。当长城线上两军激烈战斗时，南京政府与日本侵略者在暗处进行着讨价还价的“交涉”，“交涉”的结果是守卫长城的爱国将士被出卖，长城防线被步步放弃，最后导致在1935年5月31日，南京政府与日本侵略者签订了丧权辱国的城下之盟《塘沽协定》。这一协定规定：“中国军队一律迅速撤退至延庆、昌平、高丽营、顺义、香河、宝坻、林亭口、宁河、芦台线以西、以南地区。尔后不得越过该线，更不得有挑衅搗乱之行为。”根据这一协定，国民政府实际上承认了日本对东北三省、热河的非法侵占，并使察东、冀东20余县成为非武装区，华北门户洞开。

几个月后，1933年秋，第5届全国运动大会在南京中山陵体育场举行。这是国民党统治时期在南京举行的最后一次全国运动会。在开幕式上，主席台上坐着蒋介石、汪精卫、冯玉祥、于右任、张治中等要人。24响礼炮后，成千上万的和平鸽展翅高飞，各省运动员入场时，全场响起了阵阵掌声。但在东北代表队最后一个入场时，全场先是一片寂静，继而传出了“打倒日本帝国主义”、“收复东北”、“还我河山”的口号声。再后传来了哭泣声，由一人暗泣到有人抱头痛哭，哭泣的声浪，汇成了哭的海洋。万人齐泣，是为沦为亡国奴的东北之哭泣，也是在为那些流尽最后一滴血的抗战勇士们哭泣。正是这种悲痛，唤醒了千千万万的中国人，并促使政府抛弃不抵抗政策。“还我河山”，成为那个时代中华民族的最强音。

三

鏖战淞沪：
战役上的失败与战略主动权的易位

英国《泰晤士报》评论：淞沪之战，日军摧毁中国陆军这一最大与惟一之目的并未达到，中国已安置从来未有的兵力基础，淞沪抗战的精神必将在以后发挥作用。

1. “已无和可言”

进入20世纪30年代，日本加紧了侵略战争准备，紧张情绪不断加剧。在1936年的柏林奥运会上，日本运动员们戴着军人的帽子；夜总会里上演着军事表演，歌舞团的女队员们也要接受军事技巧的教育；就连艺妓们也把积累的小费捐献给国家去购买军用飞机。士兵更是如此，他们进行着世界上最残酷的军事训练，最高荣誉是战死沙场。日本国民中已经渗透进这样一种思想：要想生存，日本就必须扩张，并且要取胜。

到1931年，日本已攫取了朝鲜，琉球群岛，中国东北及中国的台湾、澎湖列岛，从苏联抢走了库页岛和千岛群岛，作为第一次世界大战的战胜国，它得到了原被德国占领的马绍尔群岛、加罗林群岛和马里亚纳群岛。但日本的野心远不止这些，它要征服中国，征服世界。正如“田中奏折”所言：如欲征服世

1932年1月28日深夜，日军指挥官在虹口海军陆战队本部对士兵训话，扬言4小时占领上海

第19路军沉着应战

界，必先征服中国。

日本在东北站稳脚跟后，加快了其全面侵华的步伐。

九一八事变后，日本不断向上海增兵，企图在中国中部建立新的侵略基地。1932年1月28日，日本侵略军悍然进攻上海闸北，“一·二八”事变爆发。驻守上海的国民革命军第19路军总指挥蒋光鼐、军长蔡廷锴通电全国，“尺地寸草，不能放弃”，不畏强暴，奋起抵抗，苦战33天，战斗100多次，迫使日军三易其帅，损失万余。但最后日本还是凭借《淞沪停战协定》，获得了日军在上海的留驻权，而中国军队不能在上海周围驻守设防。

1933年1月至5月，日军侵入长城各口，侵占热河。凭借《塘沽协定》，日本打开了侵略华北、直取平津通道。从此其对华侵略进入到一个新的阶段。

1935年5月，“华北事变”发生。5月29日，日本关东军天津驻屯军借口中国当局破坏《塘沽协定》，提出对华北的统治权，并从东北调集大批日军入关，以

武力相要挟。

↖ 上海南京路三新百货公司前悬挂着大字“国难”横幅

7月，何应钦与日本华北驻屯军司令梅津美治郎达成《何梅协定》，同意取消国民党在河北和北平、天津的党部，撤退驻防河北的中国军队，撤换河北省主席和北平、天津两市市长，并禁止“中国国内一般排外排日”运动。

↓ 缔结《何梅协定》

↗ 1937年7月17日，蒋介石在庐山发表谈话，号召抗战

同时，国民政府又令察哈尔省民政厅长秦德纯与土肥原贤二谈判，以换文方式达成《秦土协定》，同意成立察东非武装区，第29军从察哈尔东全部撤退，撤销察哈尔省主席职务，并担保日人今后在察省的自由来往等。至此，中国在冀、察二省主权大部丧失。11月，又策划“冀东事变”，由国民党政府特派蓟密区行政督察专员殷汝耕在通县成立“冀东防共自治政府”，使冀东20余县脱离了中国政府的管辖。11月，又迫使中国政府在北平成立以宋哲元为委员长，由日

汉奸组织：冀东防共自治政府

方推荐的王揖唐、王克敏等为委员的“冀察政务委员会”,使冀察两省实际上置于中国行政区域之外。中华民族的危机已到了空前严重的程度。

1936年,日军在华北集结,并在西自成都,东到上海,南至北海的辽阔区域内进行骚扰、挑衅,日军军舰长驱驶入青岛、上海和长江各口,大有鲸吞中国之势。

1937年7月7日,日军向宛平城射击并炮轰卢沟桥,终于发动了全面侵华战争。

7月17日,蒋介石就卢沟桥事变发表讲话,向全国发出号召:“如果临到最后关头,便只有拼全民族的生命,以求国家生存”;“如果战端一开,那就是地无分南北,年无分老幼,无论何人,皆有守土抗战之责任,皆应抱定牺牲一切之决心”。这一讲话7月19日以《最后关头》为题在报纸上公开发表。

但此时,蒋介石仍抱有和平外交方法解决卢沟桥事变的希望。7月30日,北平、天津相继陷落。攻占平津后,日军按预期战略目标,主力南下,企图迅速占领上海,进逼南京,迫使国民党政府完全投降。到此时,蒋介石判断中日全面开战已不可避免,不得不提出“现在到最后关头,已无和可言”。8月14日,国民政府外交部发表声明,宣称中国为日本无止境之侵略所逼迫,已不得不实行自卫,抵抗暴力。这时,淞沪抗战已经打响了。

2. 上海成为战场

德川幕府末年，日本即倡“北割满洲、南收台湾，进取中国”之议，明治维新之后，更决定了“北进朝鲜再经满洲入北京，南下琉球经台湾转夹击中国”的“蝎形政策”。1927年田中义一召开东方会议，决定对中国进行自东北及东南同时进攻的双向攻势，以掌控整个中国沿江沿海的富庶区域，鲸吞整个中国，这是“蝎形政策”的进一步发展。在这一政策下，日本在占领中国东北后，把东南沿海作为其侵略中国的重点区域，而它在这一区域的首攻目标则是上海，先有1932年的“一·二八事变”，继有1937年的“八一三事变”。

上海是中国最大的城市，中国的经济、金融中心，当时世界第五、中国最大的军港，不仅是进入江浙地区的海上门户，也是溯长江进入我国内地的水上咽喉。控制上海，则可沿长江上行，对华北、华中均可构成极大的战略威胁。

七七事变后，日本在上海的行动，咄咄逼人。8月初正在台湾参加演习的日海军第3舰队

↖ 抵达八字桥的中国官兵

↑行人熙攘的八字桥，是当年打响淞沪抗战第一枪的地方

↓淞沪会战前开往前线的中国军队，以低劣的装备抗击日军

突然中止既定任务，司令长官长谷川清奉命做侵略上海的兵力部署；驻沪日本各种军事人员都被动员起来了，日夜举行演习；与此同时，日本国内也已全面动员正式陆军，待命出动。针对这一局势，国民政府同意张治中的建议，决定一旦判明日军即将进攻淞沪，应采取“由我先发制敌”战略。当时蒋介石的战略考虑是，华北战场以固守争取时间，华东则以进攻争取主动。南京最高军事当局开始调各地军队和物资往京（南京）沪一带，以备开战。

8月12日清晨，京沪警备司令张治中率领的第87、第88师进入上海市区，市民们一觉醒来，发现街头路边都是中国军队，惊喜交集，情绪高昂。

张治中本决定在8月13日拂晓前完成对虹口、杨树浦日军据点的攻击准备，趁敌措手不及之时，一举将上海拿下。但突然接到南京统帅部不得进攻的命令，计划夭折。是日，驻沪日军在八字桥一带向中国士兵开枪。第二天，中国军队正式开始反击，举世瞩目的淞沪会战序幕就此拉开。

淞沪会战大体分三个阶段。

第一阶段，8月13日至9月17日。我方采取进攻态势，猛烈攻击日军在沪据点，阻击敌后援部队沿江登陆。

第二阶段，9月18日至11月4日，是敌我相持阶段，双方在刘（行）罗（店）公路、蕴藻浜、大场地区及苏州河沿岸开展剧烈战斗。

第三阶段，11月5日至11月中旬。11月5日，日军一部从杭州湾登陆，迂回

1937年9月，在淞沪前线的第3战区司令长官冯玉祥（右）和第九集团军总司令张治中（左）在战区司令部

"八一三" 淞沪抗战中蒋介石在前线视察

侧后合围上海,淞沪地区守军侧背受敌,有被围歼的威胁，第3战区司令长官部于11月8日下令全军撤离淞沪地区,转入南京保卫战。至止,上海除租界"孤岛"外,全部沦陷,历时3个月的淞沪抗战随之结束。

淞沪会战是中国军队首次采用大规模集团军作战方式反击日本侵略。会战中,中国方面先后共投放20个军、50余个师,加上中央军校教导总队、税警总团和部分地方保安团队,共计70多万兵力,伤亡20余万。日本方面先后投入海军陆战队和陆军部队14个半师团,共约28万人,动用军舰三四十艘,战车三四百辆,飞机400余架,伤亡5万多人。3个月里,百万军队鏖战淞沪,大上海成为硝烟弥漫、战火纷飞的抗敌沙场。

3. 一寸江河一寸血,一寸国土一寸金

淞沪会战中,广大爱国官兵们同仇敌忾,前仆后继,整营整连阵亡不是罕见之事,每日经由兵站送往后方的伤员常在万人以上,陷阵之勇,牺牲之烈,惊天地泣鬼神,真可谓一寸江河一寸血,一寸国土一寸金。

淞沪抗战打响的第二天,第 88 师第 264 旅旅长黄梅兴率部攻打虹口日本海军陆战队司令部时,被一发迫击炮弹击中,壮烈牺牲。黄梅兴,1897 年生,广东平远人,毕业于黄埔军校第一期,是淞沪抗战中殉国的首位高级将领,后被国民政府追授为陆军中将,并特准其灵柩安葬于南京雨花台。

罗店,位于上海西北郊外的普通小镇,人口不过数千,但居淞沪战场各战略要地的中间,它的得失将直接关系到整个战役的走向。8 月 25 日下午,蒋介石亲临南翔前线指挥部视察,并召集第 3 战区总司令冯玉祥、副总司令顾祝同及各集团军师以上将领讨论战局,最后蒋介石指示陈诚:罗店非常重要,要

不惜一切代价守住罗店，把日军赶到江里去！小小罗店，双方不惜重兵投入反复争夺，造成拉锯之势，双方各死亡9000余人，日军称罗店是个血肉磨坊。此役中，第11师第110旅旅长蔡炳炎中弹牺牲。张治中很熟悉蔡炳炎，闻他阵亡，曾赋词一首，寄托哀思，词云："寡言少语，忠厚老实。离乡从军，纵马横刀十余年，尽心尽职。淞沪战役挺身出，高举抗日救国旗。罗店战身先士卒，功德传后世"。争夺罗店最激烈时，蒋介石甩下一句话："夺不回罗店，师以上军官统统枪毙"。

第98师第583团3营驻守宝山。9月1日，日军以宝山城为中心目标实施全线进攻，5日，3营已陷入了日军的重重包围之中。当晚，师部派通信兵穿越封锁线进入宝山城传达命令，要3营死守宝山，等待援军。营长姚子青代表全营表示：誓死守卫宝山城，与敌人决一死战。姚子青又向师部发电："职营官兵均抱与敌偕亡之决心"，"一息尚存，奋斗到底！"6日，日军再次猛攻宝山，先用大炮猛轰城垣，然后步兵在坦克和飞机掩护下从城东、南、北三面纷纷拥入。7日，姚子青营从城墙上撤下，与敌人在内城展开激烈巷战。但孤立无援的3营难以阻止占优势敌军的打击，城中工事逐渐被日军全部占领。姚子青看到

我与敌军在苏州河两岸对峙，
终日激战

坚守无望，想率残部杀出一条血路突围。他与数十名士兵从宝山城东门发起反冲锋，但在接近城门时姚子青中弹倒地，流尽了最后一滴血。三营其余官兵战斗到最后一刻，全部壮烈牺牲。宝山城陷落后，国民党中央执监委员会通电全国："宝山之战，姚子青全营与孤城并命，志气之壮，死事之烈，尤足以动天地而泣鬼神"。

蕴藻浜是上海仅次于黄浦江和苏州河的第三大河，与京沪铁路和淞沪铁路构成一个等边三角形，沪太公路也与其相交，是上海北郊的水陆交通要道。蕴藻浜的背后就是各地奔赴淞沪前线部队的集结地——大场，日军突破大场防线，则可以轻而易举地西取南翔、南下苏州河。

从9月末到10月所进行在蕴藻浜区域的作战，其激烈和残酷程度都达到了极点。"死守"成了作战的唯一目的，部队一上火线，除了重伤或战死，无论将校士兵，都不得稍离，除非上级指挥机关下令调防，必须与阵地共存亡。据一般估算，在这20多天里，中国军队平均每天伤亡接近5000人左右。西北军第32师进入阵地时，有15个营，8000人上下。上阵2天，营长以下军官牺牲殆尽，8000名战斗兵员损失达3500人左右。湖南部队第77师的1个团进入阵地14日，3个营长阵亡2人，15个连长伤亡14人，全团士兵生还的只剩500余人。

10月26日起，中央作战军主动放弃了从北站到江湾之间的阵地。为向国际社会表明中国军队仍在坚守上海，第3战区司令部决定将第88师第524团的一部留下，再配属必要的特种部队，由团副谢晋元率领坚守紧依苏州河北岸紧靠租界的四行仓库。

10月27日凌晨谢晋元率部进入四行仓库时，中国守军主力已经在夜色中撤离。谢晋元对全体士兵作战前动员，他说："国家兴亡，匹夫有责。我们是中国人，要有中华民族的志气。现在四面都被日军包围了，这个仓库就是我们的根据地，同时也可能成为我们的坟墓，但只要还有一个人在，这片土地就是我们中国的！"

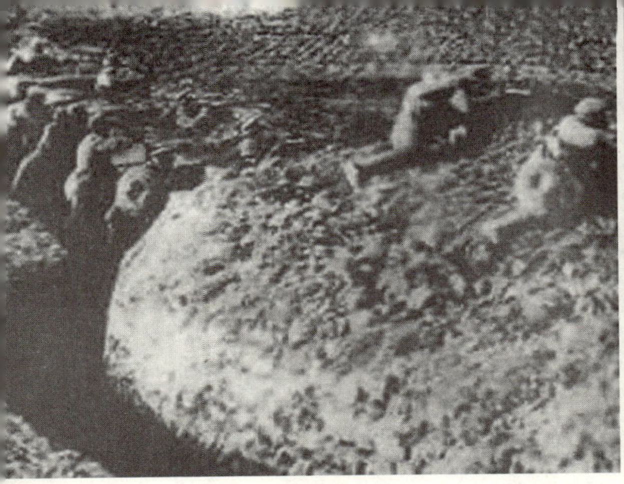

← 日军在泗塘桥施放大量毒气，伤我官兵。图为我军在抢救中毒的伤员

↙罗店前线的激战

↑中国军队的战壕

↗石碑：姚子青营殉国处

在谢晋元团坚守四行仓库的第三天，日军向国际上宣布，上海已全部被日本占领。但当天他们对四行仓库的第六次进攻仍告失败。这天晚上，一名叫杨惠敏的小姑娘把一面临时制作的中国国旗紧紧地裹在身上，外面套上童子军制服，巧妙地穿过日军的重重包围，渡过苏州河，把这面旗帜交到谢晋元手中。第四天早晨4点钟，谢晋元让3名战士把这面国旗升在四行仓库的楼顶上。

坚守四行仓库的第四天，谢晋元率部打退了日军的第七次进攻。这时，第88师接到南京大本营的命令：四行仓库的坚守行动已达预定目的，命令壮士们即日撤离。按照命令，谢晋元降下楼顶上的国旗，率部于31日零时从坚守了4天的四行仓库撤入英租界。

1941年4月24日，谢晋元被汉奸刺杀。蒋介石闻讯撰一挽联，高度评价谢晋元率部固守四行仓库事迹："坚苦矢成仁，终古光腾孤岛血；英魂应不泯，从今怒吼浦江潮"。

谢晋元率"八百壮士"（实400余人）坚守四行仓库受到了社会的广泛关注

↑上海街头上的日本军队

↗淞沪会战中从杭州湾登陆的日军

和尊敬。参加过第一次世界大战、时任英军驻沪总司令的史摩莱特少将不无感慨地说："我们都是经历过欧战的军人，但我还从来没有看到过比中国壮士最后保卫闸北更英勇、更壮烈的举动了！"租界的英国军人也多次表示愿帮助谢晋元团退入租界，并保证他们的人身安全。但谢晋元谢绝了，他坚定地说："我是一名军人，身可死但枪不可离，没有命令虽死不退！"

在国内，"四行孤军八百壮士坚持抗战"的消息轰动一时，鼓舞和激励着国人，正如《八百壮士》歌所唱的："中国不会亡，中国不会亡，你看那英雄的谢团长；中国一定强，中国一定强，你看那八百壮士孤军奋守东战场。四面都是炮火，四面都是豺狼。宁愿死，不退让，宁愿死，不投降……同胞们起来！同胞们起来！快快赶上战场，拿八百壮士做榜样。中国不会亡！中国不会亡！中国

杨惠敏冒死送上来的国旗飘扬在四行仓库的上空

↑笼罩在硝烟之中的四行仓库
↓弹痕累累的四行仓库

不会亡！”

4. 闻义赴难

参与淞沪会战的70万部队，有所谓的蒋介石的嫡系部队，也有来自四川、广西、湖南、陕西等地的地方军。不少地方军曾经是军阀战争的积极参与者，与蒋介石政权矛盾重重。然而当日军魔爪蹂躏中华时，他们朝命夕至，闻义赴难，惟国民政府马首是瞻，表现出中华民族的空前团结。

李宗仁、白崇禧领导的桂军，1929年与蒋介石的中央军曾大战一场，是谓蒋桂战争；1930的中原大战，桂军再与蒋介石部大动干戈。中日淞沪开战后，桂军第7、第31军6个师经长途跋涉来到淞沪战场，李宗仁、白崇禧都到南京，并来上海视察，多年的蒋桂分裂，重新合作。蕴藻浜一役，桂军6个师全部投入，白崇禧亲临前方指挥。桂军素以骁勇悍强，善于野战而称著，抗战意志亦很高昂，但武器陈旧、新兵不少，又缺乏现代战

↗上海市商会的童子军团在战场救护伤员

→国难当头，中国人民的抗战激情被空前激发起来，连少年也参军报效国家。图中的两个少年兵被日军俘虏

《川军抗日阵亡将士纪念碑》，由著名雕塑家刘开渠设计，市民通常称为“无名英雄铜像”。铜像造型是一名中国军人，着短裤、绑腿、草鞋，手握步枪，身背大刀、斗笠、背包，俯身跨步，仰视前方欲出征冲锋状，形态威武，长期为成都市民敬仰

争的经验，经一日激战，损失惨重，当晚只好另派部队接防。

七七事变后，川军7个集团军，另有一军一师一旅共40余万人，先后开赴抗战前线。抗战八年中，四川（包括当时的西康省）提供了近300万人的兵源来充实前线部队，占全国同期实征壮丁1405万余人的五分之一强！

七七事变发生的第二天，四川省主席、川军领袖刘湘电呈蒋介石，同时通电全国，吁请全国总动员，一致抗日。8月25日，他发布《告川康军民书》，号召四川军民为抗战作巨大牺牲，对于抗战“四川人民所应负担之责任，较其他各省尤为重大！”

川军各将领纷纷请缨抗战。

1937年9月5日，是川军出川抗战的日子。四川各界在成都少城公园欢送出川抗敌将士，刘湘、邓锡侯等将领莅会讲话，表示抗战决心。纵队司令唐式遵，善于拍马，又极其顽固，被人骂为“唐瘟猪”。此时，只见他走向台前，慷慨陈词：“此行决心为国雪耻，为民族争光，不成功，便成仁，失地不复，誓不回川！”他还朗诵了一首改写的诗以明其志：“男儿立志出夔关，不灭倭奴誓不还，埋骨何须桑梓地，人生处处有青山！”完全是另外一种军人形象。此次欢送，少城公园人山人海、战旗飘扬，慷慨激昂处，数万军民每每泪如雨下、掌声如雷。

川军第43军第26师和川军第20军参加了淞沪会战。川军装备可怜得很，如第26师，一个连仅有士兵八九十人，只有一挺轻机枪和五六十枝步枪；有的枪使用过久，来复线都没有了，还有少数步枪机柄用麻绳系着以防失落。川军甚至连雨衣都无力购置，只好带着雨伞行军。以如此装备与拥有飞机大炮的日军交锋，川军虽伤亡惨重，但仍然前仆后继，毫无惧色。第26师官兵英勇顽强鏖战七昼夜，多次击退日军进攻，被誉为参加淞沪抗战的70多个师中成绩最好的5个师之一。同时代价也极为惨重，全师4000多人，会战结束后仅剩600多人！

杨森担任军长的第20军，在内战中恶名在外，但在淞沪抗战中同样舍生忘死。10月上旬该军参加蕴藻浜战役，不到7天，伤亡营、团长10余名，连、排长280余名，士兵伤亡达7000余人。这个军原有两个师，撤出阵地至嘉定境内整编，只能缩编为2个旅。

据何应钦的统计：抗战8年中，四川出川将士伤亡人数约为全国抗日军队的十分之二，即阵亡263991人，负伤356267人，失踪26025人，共计64万余人，居

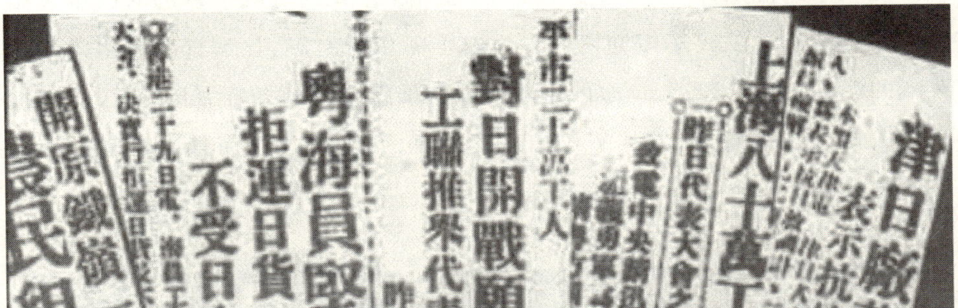
津日廠華工昨罷工
表示抗日救國決心
上海八十萬工人一致抗日
平市二十萬工人
對日開戰願作前驅
工聯推舉代表數十人
昨晚赴京請願
粵海員堅決抗日
拒運日貨
不受日人雇用
開原鐵嶺一帶
農民組抗日會

全国工人、农民要求抗日的剪报

全国之冠！

5. 战役上的失败与战略主动权的易位

淞沪会战，中国军队歼敌5万余人，但付出了伤亡20余万人的代价，并最后失去了上海，战役失败。

但从战略上看，则是另外一种气象。其一，淞沪会战吸引了侵华日军的主力，淞沪战场实际取代华北战场成为日军侵华和中国抗战的主战场，从而使日军的进攻方向从由北向南改变为由东向西，这对日后我方的抗日正面战场具有至关重要的意义。其二，淞沪会战打破了日军速战速决的战略企图。战前日本军国主义者狂妄至极，认为中国军队不堪一击，他们认为，只要日本一宣布内地动员或大批列车一通过山海关，中国就会屈服，最大限度，通过保定一次会战，即可解决一切问题。日本陆相松山甚至扬言："支那事变可以在一个月内完全结束。"日本军部较为谨慎，也估计"大约有两个月的时间可以结束"。淞沪一战，使日军短期内灭亡中国企图化为泡影，显示日军必将陷入持久战的泥潭之中。其三，日军的进攻并没有摧毁中国的抵抗力量，更没有动摇中国人民的抗战意志，此战不仅打击了日军的狂妄叫嚣，而且鼓舞了全国人民的抗战信心和勇气。

英国《泰晤士报》评论：淞沪之战，日军摧毁中国陆军这一最大与惟一之目的并未达到，中国已安置从来未有的兵力基础，淞沪抗战的精神必将在以后发挥作用。

淞沪会战是八年抗战中牺牲最大，战斗最惨的一个战役。中国军队在淞沪战场上的英勇抗敌，赢得了国际社会的广泛赞誉。如英国《泰晤士报》评论：淞沪一役，"已造成中国堪称军事国家之荣誉，此前所未闻者"，"华军已从滑稽故事之迷雾中，脱颖而出"。淞沪抗战保卫了中华民族的尊严。

四

平型关战役：
击破日军天下无敌的神话

坂垣征四郎是个典型的中国通，熟读中国文学、历史以及兵法，并能说一口流利的中国话，但他一向看不起中国人，认为中国人不过是一群"东亚病夫"。正是坂垣的这种狂妄，使其同样骄横的部下葬身平型关。

1. 八路第一师

西安事变后，周恩来参加了宋子文、宋美龄与张学良、杨虎城的谈判。经两天商谈，宋美龄等做出“停止剿共”、“三个月后抗战发动”等承诺。1936年12月24日晚，周恩来在宋氏兄妹的陪同下见蒋介石，蒋介石又当面向周恩来表示：“停止剿共，联红抗日。”西安事变的和平解决，结束了国共两党持续10年的内战，两党开始第二次合作。

1937年1月，蒋介石下令停止“剿共”，并开始与共产党谈判有关合作事项和红军的改编问题。七七事变发生后的第二天，毛泽东、朱德、彭德怀等红军领导人致电蒋介石，表示红军将士愿意“为国效命，与敌周旋，以达保土卫国之目的”。7月14日，叶剑英代表中共中央向南京政府表示：愿在蒋介石指挥下

红军集会，誓师抗日

↑准备开赴抗日前线的八路军骑兵一部

→八路军东渡黄河，开辟华北战场

努力抗敌，红军主力准备随时出动抗日，已令各军10天内准备完毕，待令出动。

1937年8月22日，国民政府军事委员会发表中国红军改编为国民革命军第八路军的命令。25日，中共中央革命军事委员会发出改编命令，宣布将中国工农红军改编为国民革命军八路军(9月11日后，按全国统一的战斗序列，改称第18集团军)，红军的前敌总指挥部改为八路军总指挥部，朱德任总指挥，彭德怀任副总指挥(9月11日后，改称正、副总司令)，叶剑英任参谋长、左权任副参谋长，任弼时任政治部主任、邓小平任副主任，下辖第115师、第120师、第129师和总部特务团。全军编制4万5千余人。

第115师以原红军第1方面军的第1军团和第15军团为主编成，约1.5万人，是八路军人马最多的一个师。红一军团的前身是秋收起义和南昌起义的部队，红一军团是长期由毛泽东直接领导和指挥的部队，在中华人民共和国10位元帅中，朱德、彭德怀、刘伯承、陈毅、罗荣桓、聂荣臻、叶剑英和林彪都在红一军团工作过，由此可以看出红一军团在红军中所占的重要地位。第115师的大部分领导都是红一军团的指挥员，师长是原一军团军团长林彪，副师长(实际上就是政委)是原来一军团的政治委员聂荣臻，政训处主任(相当于政治部主任)是原一军团的政治部主任罗荣桓，副主任是原一军团2师政委肖华，参谋长周昆也是原一军团的。第115师堪称八路军第一师。

第115师是八路军中最先从陕北出发，渡过黄河，并第一个与日军进行交战的师。

第115师交战的第一个对手是日军第5师团。

1873年，日本下达"征兵令"，将全国分成6个军管区，负责征兵及地方卫戍。随着对外扩张野心的膨胀，日本开始将各镇台改编为陆军师团，作为拥有步、骑、炮、工诸兵种的战略单位，师团拥有众多的兵员、装备和强大的独立作战能力，是日军进行"大陆作战"的基础。日军首批6个师团从一开始就是专为对外扩张而设立的，其侵略矛头正是直指中国。第5师团是日本明治年间建立的首批6个师团之一，被日本人称为"钢军"。第5师团在察哈尔作战后，大举向山西北部进犯，相继占领蔚县、广灵、灵丘、涞源等地，其主力直逼平型关，企图突破内长城防线，进而攻占太原。

当时，第2战区国民党军队已退守雁门关、茹越口、平型关一带长城防线。八路军第115师为配合国民党军队作战，到达平型关东南的上寨、下关地区集结。第115师与日军第5师团第21旅团在平型关遭遇，进行了著名的平型关战役。

→洛川会议确定八路军的基本任务是建立根据地，开展游击战争，配合友军作战。1937年9月，八路军陆续渡过黄河，奔赴抗日前线。图为八路军到敌后开展抗日游击战，受到各地群众欢迎

2. 阵地战、山地游击战，还是伏击战？

如何与日军交战，蒋介石与毛泽东有不同的设想。

国民政府抗日战争的总的战略方针是“持久消耗战”，其具体口号是“以空间换时间”，实施方针为“积小胜为大胜”，但在具体作战指导上，国民政府采取了与总的战略方针不相适应的单纯防御战术，选择的是阵地战和“填空式”打法。军队被指令必须死守阵地，与阵地共存亡。是在先前防守阵地部队被打垮之后，再从后方调部队上去。淞沪会战即是这种打法的一个典型。这种打法实际上是把千千万万的有生力量禁锢在阵地里，遭受敌军炮火的猛烈攻击。蒋介石曾经说：“我们死伤一个半人至两个人，日本一定要死一个，但是我们有四万万同胞，他最多只有六千万人口，我们还拼不过他们吗？”但消极防御战术却是以我方大量消耗换得敌方少量消耗，在淞沪之战后，有人痛切地分析：“我受若干牺牲，一定要敌人也受若干牺牲，使他无法避免，才可以说是消耗战，我的牺牲才有代价，倘使以血肉之躯与铁弹相拼，牺牲了一师，又上去一师，我已死亡相继，敌则损伤无几，这样的肉弹主义，一方面的牺牲，并不是消耗战，乃是消耗自己的力量，结果非失败不可。”

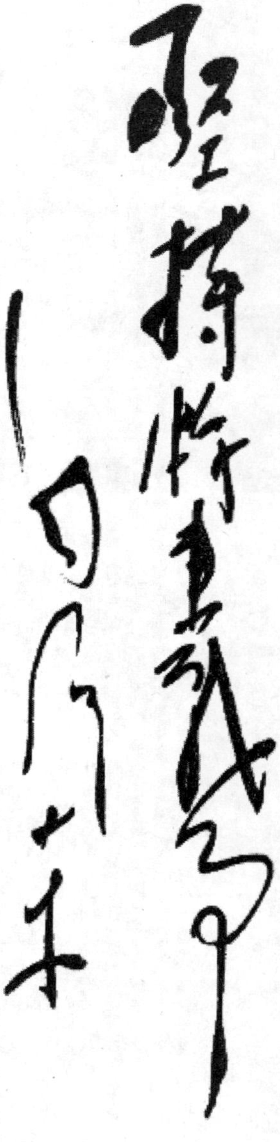

毛泽东为新四军第4师《拂晓报》的题词：“坚持游击战争”

毛泽东显然不赞同这种单纯防御的阵地战打法，他提出中日战争是一场艰苦的持久战，八路军的战略方针应当是独立自主的山地游击战争以及向平原发展游击战争，尽可能地避免八路军的伤亡，避免同日军展开兵力消耗战和大兵团运动战。最初中国共产党内的高级指挥员欲在抗日战争中一显身手，为国家为民族立功，觉得只打游击战不够轰轰烈烈，多倾向于打成团成师消灭敌人的运动战，对毛泽东的“独立自主的山地游击战”提出了不同的意见。如彭德怀提出“独立自主的山地运动游击战”，刘伯承提出“游击运动战”。但洛川会议通过了向敌后发展，开辟敌后战场，建立抗日根据地的决定。在深入敌人后方以后，怎样作战，中国共产党确定了“基本的游击战，但不放松有利条件下的运动战”的方针。

1937年，林彪30岁，善谋筹略，且不乏年轻人的锐气。在洛川会议上，林彪是不同意打游击战的。他在会上说，要以打运动战为主，搞大兵团作战。觉得内战时期我们已经可以整师整师地歼灭国民党军队了，日本侵略军有什么了不起！会后毛泽东曾专门找林彪谈话，强调全党全军统一思想的重要性。

然而，当林彪发现平型关的有利地形时，决定打一场规模不小的伏击战，而不是山地游击战。

平型关，地处山西灵丘县西，位于恒山、太行山的交接处，两山夹谷中纵贯一条通道——蔚代(蔚县至代县)公路，是东接灵丘、冀西，西进山西腹地，直逼太原的交通要地。平型关先秦时称瓶形寨，金代称瓶形镇。顾名思义，这里的地势像瓶子形状，口小肚子大，瓶口是老爷庙，瓶肚子就是这十里来长的乔沟。乔沟地段地形狭长，进入的部队和重武器均很难展开，不能守也不能攻，非常适合于打伏击战。

不过，林彪还是有些顾虑，他不可能不考虑毛泽东对游击战的再三强调。林彪征求副师长聂荣臻的意见。林彪说，这一仗我至少有八成的把握取胜，聂荣臻说，既然有八成把握，那就不用犹豫了，下命令吧。

平型关战役后，林彪认识到了游击战在抗日战争初期的重要地位，他说：敌人不仅是弹药要靠后方输送，连粮食都要靠从日本送来。他们的后方线已扯长有千多里。在这样的情形下，把他们后方线一切断，他们的困难就可想而知了，可以弄得他们进退维谷。所以发展游击战在敌后方线上活动是非常重要的。而且他还提出：我军在目前兵力与技术条件下，如经常集中大的兵力与敌作运动战，是不适宜的。

3. 设伏平型关

孙子曰：“知天知地，胜可乃全。”第115师指挥员在大战前反复查看了平型关的地形，哪怕是每一个最细小的环节也不放过。第一次，林彪带着几个侦察员，对平型关附近的地形作了一次全面侦察。回来后，他与聂荣臻等人交换意见，把伏击的主要地点确定在乔沟。第二次，他带上团一级的干部和几个侦察员化装侦察，为了不暴露目标，他特意穿上老百姓的破大褂，扎根布腰带，头上戴了一顶山西的毡帽，把自己打扮成本地的农民，并告诫随行人员，不要交谈，不要说笑，以免引起行人的注意。第三次侦察主要是为具体的战斗做准备，侦察得相当细致。

1937年9月23日，在上寨村一座农家大院，第115师召开连级以上干部会议，作战前动员。林彪鼓舞大家，为了提高八路军的声威，给友军以有利的配合，要在平型关打一个漂亮的伏击战，给日军以有力打击。

林彪判断日军9月25日可能进攻平型关，命令各部队9月24日晚12时出发，在天明前进入埋伏阵地。

第115师师部的部署是：杨得志的第685团在东侧，李天佑的第686团在西侧，两侧夹击公路，待敌人进入埋伏圈后，东西夹击，防止敌人向两侧逃跑。在老爷庙缺口处的高地上，下面架起四挺重机枪，两边各架3挺轻机枪，一共是10挺机枪。等敌人完全进入后，封住这条惟一的缺口，来个关门打狗。张绍东的第687团把守在平型关东北的山地上，放过先头进入伏击圈的日军，堵住日军的退路。杨成武的独立团在驿马岭负责阻击涞源、至灵两个方向的日军援

→八路军第115师主力开赴平型关前线

←八路军第115师副师长聂荣臻（左二）在战前侦察平型关战场

↙平型关战役中的八路军第115师作战指挥部。左一为师长林彪，左二为副师长聂荣臻

敌。第688团作为总预备队，暂时不动。根据这一计划，师、旅的指挥阵地在中央高地，与团的指挥阵地构成三角形。团的指挥阵地则设在营和营之间，以便及时传递消息，协调指挥。

9月23日，林彪听当地百姓讲，五台山上空阴云密布，两三天之内，将会有大雨。如果真下雨，日军的运输车就容易陷在泥沼之中，武器火力也会大大降低。

果真，24日午夜时，天下起了大雨。第115师的指战员们冒着秋日的风雨向伏击阵地挺进，在凌晨前，第685、第686、第687三个团全部进入预定阵地。第115师指挥所设置在中央高地的一片树林里，四周棘草丛生，十分隐蔽，而且视野开阔，几乎可以观察到整个战场情况。

日军第5师团师团长坂垣征四郎对平型关并不陌生。1937年坂垣52岁，在当时日军所有师团一级的高级将领中，无论从资历还是从能力来说，都无人能与其相比。阎锡山早年留学日本士官学校时，坂垣曾是他的教官。就在几年前，坂垣曾以私人身份拜访过阎锡山。这次坂垣沿滹沱河谷至唐河古道作了一次考察，把长城雁门关至平型关等重要军事位置作了详细的记录。以坂垣的军事素养，当然知道平型关是设伏的好战场，但他显然没有理会这一点，他只有在平型关战后为自己的大意而悔恨了。

坂垣征四郎是个典型的中国通，熟读中国文学、历史以及兵法，并能说一口流利的中国话，但他一向看不起中国人，认为中国人不过是一群“东亚病夫”。正是坂垣的这种狂妄，使其同样骄横的部下葬身平型关。

4. 平型关大捷

1937年9月25日7时半，由三浦敏事少将指挥的第5师团第21旅团近4000人进入平型关。由于道路狭窄，雨后路面泥泞，日军车辆人马拥挤堵塞，行动缓慢。坐在汽车上的日本兵，有的打瞌睡，有的在嬉闹，一副悠闲无事的样子。他们不知道，自己正在钻进八路军第115师的预伏地域。

第115师抓住战机，全线突然开火，两侧山坡上顿时弹如雨下。在第一轮枪声中，日军最前面的几辆汽车就被击毁，堵死了狭窄的出路，后边的汽车、大车、马匹等相互撞击，走不动了。骄横的日军遭到意外打击，不知所措。见

↑平型关战役中八路军阵地一角

←平型关战斗最激烈的地点：乔沟

缴获大量战利品的八路军战士胜利归来

1937年10月10日，第115师杨成武独立团收复涞源，这是独立团的炮兵阵地

此情景，林彪命杨得志、李天佑趁日军尚未清醒之际，赶快冲下山去，抢占公路对面的制高点。第685、第686两团随即向谷底发起猛烈的冲锋，将日军切割包围。

但被打懵的日军很快显示出它的战斗力，在失去指挥的情况下，自觉形成小组，3人一组，背靠背，与我军十几个战士拼杀。而一些班排一级的小股日军，居然很有战术意识地寻找我军薄弱环节，主动寻找有利战机。其中一股日军利用地形掩护悄悄接近我第685团一营的机枪阵地，突然发起进攻，竟然把我军的一个机枪排的阵地夺了过去。并且，被打晕的日军开始清醒过来，迅速集结，凭借汽车作掩护，运动着朝公路附近的制高点冲去。

战役结束后，林彪撰写了《平型关战斗的经验》一文。林彪指出："敌人确是有战斗力的，也可以说，我们过去从北伐到苏维埃战争中还不曾碰过这样强的敌人。"日军"能各自为战，虽打败负伤了亦有不肯缴枪的。战后只见战场上敌人尸骸遍野，却捉不着活的。"日军的伤兵不但用武器继续顽抗，而且还经常徒手与八路军战士作战，他们用牙咬，用石头砸，用身体撞，但不把自己的性命留给八路军，而且也不想把自己的武器和其他装备留给八路军，他们很多人都把自己手中的武器毁掉，或砸碎，或炸毁。

第685团同敌人反复争夺制高点，掐住了日军一字长蛇阵的蛇头，这时张绍东的第687团在乔沟一线按住了蛇尾。

李天佑的第686团与日军在老爷庙一带展开了激烈的争夺。老爷庙一带是南低北高的山地，再往北是制高点老爷庙梁，谁占领了老爷庙谁就掌握了战场的主动权。第686团攻占老爷庙时，遭到日军集中射击，伤亡很大，其中第 9 连最后只剩下 10 余人。第 686 团冲上公路后又与日军扭杀在一起，经过惨烈的刺刀战才将日军制伏，但这时日军已经占领了老爷庙。万幸的是，日军还不懂山地战的特点，他们只以小股兵力占领制高点，而且没有配备强大火力。第 686 团调集 3 营和 2 营，多路突击，消灭了老爷庙上的日军。

在第 685、第 686、第 687 三团在乔沟一带与敌军激战时，杨成武独立团在驿马岭阻击着日军对平型关方向的增援。下午 4 时左右，独立团得到撤出阵地的命令。杨成武下令乘胜追击，意外地收复了涞源县城。

平型关战役，第 115 师经过浴血奋战，以伤亡近 900 余人的代价，歼灭日军 1000 余人，击毁汽车 100 多辆、大车 200 多辆，缴获九二式山炮 1 门、轻重机枪 20 多挺、步枪 100 余枝、掷弹筒 20 多个，战马 53 匹，日币 30 万元以及大量的食品及棉衣。日本 1973 年出版的《滨田联队史》记载："汽车一过关沟村即与敌遭遇，当即火速下车，令吉川中队向北边高地，内藤中队向南边高地，狙击枪中队协助龙泽中队从中间平地进行攻击。然后敌人以迫击炮、重机枪猛烈射击，兵力看来也比我方多十几倍。尤其吉川中队正面之敌举起军旗、吹起军号，士兵各自扔出手榴弹，反扑过来。我方寡不敌众而毫无办法。9 月 28 日，龙泽中队得到友军的支援后，勇气百倍再次继续前进，此时遇到意外情景，刹那间所有人员吓得停步不前。冷静下来看时，才知道行进中的汽车联队已遭到突袭全部被歼灭，100 余辆汽车惨遭烧毁，每隔约 20 米，就倒着一辆汽车残骸。公路上有新庄中佐等无数阵亡者，及被烧焦躺在驾驶室里的尸体，一片惨状，目不忍睹。"

5. 一战扬名

平型关一战，给坂垣师团打了一个措手不及。日本国内舆论一片哗然，先是 9 月 25 日晚上，东京广播电台一条爆炸性新闻："皇军最老的王牌第 5 师团在山西北部山岳地带遭中国军队的突然袭击，一名高级军官阵亡……"日军大本营连续急电驻天津的华北方面军司令部，命令火速查清那位阵亡者姓名。还未等华北方面查清情况，第二天东京就传开了“坂垣征四郎被击毙”的消息，有的报纸更是将“坂垣之死”与其岳父——日俄战争中在奉天红土岭战斗中战死的“军神大越”联系起来。坂垣的“死讯”甚至传到蔚县的第5师团司令部。

平型关战役作战规模虽小，

却是华北战场上中国军队主动寻歼敌人的第一个大胜仗，打破了“日军天下无敌”的神话。

不仅牵制了日军第5师团的进攻，支援了平汉铁路和同蒲铁路线上的国民党军作战。

更重要的是它打击了侵华日军的气焰，振奋了全国的民心士气，提高了中国共产党和八路军的声威，为后来在这里创建敌后抗日根据地奠定了广泛的群众基础，其政治上的意义是远远大于军事上的。

而对于

八路军第115师，可以说是一战扬名。

平型关战役胜利的消息传到全国各地，举国为之振奋！各地祝捷的贺电、贺信，像雪片一样飞向延安，飞向八路军总部和第115师。毛泽东在延安的窑洞里看到战报后，大为兴奋，他即刻起草中央军委给第115师的贺电，对战役取得的辉煌胜利表示热烈的祝贺。蒋介石也致电朱德、彭德怀说：“二十五日一战，歼寇如麻，深堪嘉慰，尚希益励所部，继续努力。”

叶挺后来也评述，平型关战役与台儿庄战役、万家岭战役“鼎足而三，盛名当垂不朽”。

五

血战台儿庄：

日本现代军队的第一场大惨败

孙连仲命令："士兵打完了你就自己上前填进去。你填过了，我就来填进去。有谁敢退过运河者，杀无赦！"

1. 双方的战略构想

第5战区司令长官李宗仁

占领南京后，日本大本营有中日战争扩大派与不扩大派的争论。不扩大派认为，日本已经占领了中国华北大部分地方，控制了长江三角洲，中国最为富裕的地区都在日军手中，而此时日军规模已经扩大了3倍，若要继续向中国内地扩张，日本国力难以为继。而扩大派认为，攻克南京后，中国国力丧尽，最多只需再派几个联队的兵力，中国必降无疑。由于日本华中方面军攻占了上海这一中国最大城市，并占领了中国首都南京，侵华的大功被它抢去了，日本华北方面军很是失落，因而是战争扩大派的主阵营。

面对两派的争论，日本大本营最初未作定夺，而是把希望寄托在中国政府的投降上，但中国政府拒绝了日本的和谈条件。在这种情形下，1938年1月16日，日本近卫内阁公开发表《不以国民政府为对手的政府声明》，并建立对华长期战争体制，即实行总体战体制，“倾国家全力遂行战争”。日本大本营制定了“对华消极持久作战”的战略方针，决定在1938年上半年新建成11个左右的师团，并储备50个师团基数的武器、弹药、器材，将军工生产提高到120个师

←中国军队向台儿庄集结

团基数和3500架飞机，到1940年建成60个正规师团、30个暂编师团、250个飞行中队。显然，日本要在补充、扩大兵力后再发动大规模的进攻。

日本大本营立足于“消极持久作战”，1938年1月限定了占领南京后的进攻范围：华北方面，攻克济南、青岛后，只要往南建立安全防线即可，其占领限制为黄河以北及山东大部；华中方面在攻克南京、芜湖后，只能扩大江北防卫圈，没有得到新的敕令前，不得再做战线的扩张。大本营的决策实际上折中了两派的观点。

但既然最终还是要扩大战争，侵华日军就不想等得太久。华中方面，第13师团开始向凤阳、蚌埠进攻；华北方面，日军第2军下达了向大运河进攻的命令。至1938年2月上旬，南线日军攻占巢县、蚌埠，企图北渡淮河；北线日军攻占青岛、邹县，并继续向南推进。日军的战略意图已很明显，即发动徐州会战，打通津浦路，以使华北、华中日军连结起来，进而向西推进。

徐州是李宗仁的第5战区的防区，任务是担当津浦路的防御战，防守区域北至济南黄河南岸，南达浦口长江北岸，东自长江吴淞口向北延伸至黄河口的海岸线。李宗仁认为：淞沪战事一旦结束，津浦线必然是日军攻击的下一个目标，因为这样日军才可能清除右侧面威胁，然后西侵；而从我方来说，如果能在津浦线上将日军拖住数月，使武汉后方有充分时间重新部署，则抗战还可以继续，如果我军在津浦线上迅速败退，日军则可一举而下武汉，囊括中原，使我方无喘息机会，抗战前途将不堪设想。

第5战区成立时，可用兵力不足7个军，而且多为“杂牌部队”，津浦线处于日军南北夹击中，且日军随时可以自海州、青岛登陆，7个军的兵力难以应付。在离开南京的时候，李宗仁向蒋介石陈述了防御津浦线的兵力问题，蒋介石答应京沪(南京至上海)线上撤往江北的部队，都归李宗仁节制，显然蒋介石也准备在徐州地区与日军再战一场。

针对日军南北夹击的态势，李宗仁制定了主动反击，南守北打的战略方针，对于在山东的日军，进行一系列的反击战，同时设法守住淮河以南的防线。

2. 狂妄的坂垣、矶谷师团

日本华北方面军极欲扩大战争，尤其是西尾寿造的第2军。1937年底，日本大本营准许华北方面军总司令寺内寿一派遣华北方面军渡过黄河进攻山东半岛，寺内寿一下令由西尾寿造指挥日本的两支“钢军”，第5、10师团承担这一任务。

第5师团师团长坂垣征四郎和第10师团师团长矶谷廉介，是日本士官学校的同学，交情深厚，又爱互争锋芒。这两个师团同为日军中最顽强的部队，军官士卒受军国主义毒素的影响最深，发动“二二六”政变的日本少壮派，几乎全在这两个师团之内。

日军12月23日由青城、济阳间渡过黄河。负责指挥津浦线北段防御任务的第5战区副司令长官兼第3集团军总司令韩复榘抗战意志不坚定，竟率所部

日坂垣师团的运输队正在向前线运输物资

日军第5师团师团长
板垣征四郎

两军，舍弃津浦路，向鲁西南撤退，以致我方津浦路正面大门洞开。27日日军不战而克济南，而后分兵两路，第10师团沿津浦铁路南下，第5师团由青岛沿胶济路西进，形成一个钳形攻势。

韩复榘败退使山东作战的日军认为，中国军队的战斗意志已经崩溃，蒋介石失去了号令部队作战的权威，这更加助长了日军第5、第10师团求战冒进的心态。这两个师团协力并进，与南京北犯的日军相呼应，大有一举直捣徐州，攻占第5战区指挥部的气概，根本就不相信中国军队会认真抵抗，更别提是否会发生孤军深入，而受到中国军队包围的问题。尤其是第5师团，在平型关等地受到我军痛击，复仇求战心态更甚。在得到大本营向南进攻击的命令后，立刻率军往南猛攻，进迫临沂。

临沂为鲁南军事上所必争的重镇，得失关系全局。当时驻守临沂的庞炳勋军团，实际只有5个步兵团，实力不及一个军。这支“杂牌部队”与号称“大日本皇军中最优秀的坂垣师团”在临沂大打了起来。敌以一个师团的优势兵力，并附属山炮一个联队、骑兵一个旅团，向庞部猛攻。庞部据城死守，致使日军数日夜的反复冲杀，竟不能越雷池一步。

正在庞炳勋部激战临沂时，张自忠第59军奉命增援。日方估计，第59军最快也要三天才能赶到临沂。但是张自忠部急行军，竟然能够在一日一夜之内，于3月12日黄昏提前赶到临沂郊外。这时敌军攻城正急，第59军在在敌方完全没有预备情况下，猛攻日军第5师团背侧，临沂庞炳勋部见援军已到，士气大振，开城出击。两军内外夹攻，坂垣师团不支，仓皇撤退。庞、张两部合力穷追一昼夜，敌军无法立足，一退90余里，缩入莒县城内，据城死守。当时日军100多辆卡车，满载阵亡日军尸首奔逃，但沿途仍然遗留不少死尸。坂垣师团在临沂之战中被歼3个联队，第11联队长长野裕一郎大佐、弁田中佐和一名大队长被击毙，在平型关之战后，再遭败击。

临沂一战，击破了日军第5、第10师团对台儿庄的钳形攻势，但沿津浦线而下的矶谷师团，仍在不断向南突进。3月16日，敌第10师团一部进攻滕县。守卫滕县的第122师师长王铭章亲自督战死守，血战三昼夜，终为敌攻破，师长王铭章以下官兵2000余人壮烈殉国，甚为惨烈。滕县死守，延缓了日军南侵日期，使汤恩伯、孙连仲等部能及时赶到台儿庄参战。李宗仁评价："若无滕县之苦守，焉有台儿庄之大捷？

王铭章骑姿铜像。

台儿庄之战果,实滕县先烈所造成也。”

王铭章，四川新都人,1933年任师长,1937年率部出川抗日。先在晋东驰援娘子关,节节阻击日军,后坚守正太路南侧,徐州会战前率第122师进驻滕县。国民政府为表彰第122师抗敌事迹,特为该师立碑记功,并追授王铭章上将军衔。王铭章的灵柩经武汉、重庆、成都运到他的家乡时,沿途民众纷纷举行悼念祭奠活动。在武汉,国民政府举行了隆重的悼念仪式,蒋介石亲自参加了仪式,中共中央也派代表参加悼念会,毛泽东等联名敬献了挽联,挽联上写着:“奋战守孤城,视死如归,是革命军人本色;决心歼顽敌,以身殉国,为中华民族增光。”蒋介石也送了挽联,写着:“执干戈以卫家邦,壮志不还,拼将忠忱垂宇宙;闻鼓鼙而思将帅,国殇同哭,忍标遗像肃清高。”

日军第10师团是一支重装备的机械化部队,并拥有空军协同支援作战的能力,师团长矶谷廉介中将根本就不把中国军队放在眼里。在攻占滕县后,又攻克临城,这是日军大本营给华北方面军的南下禁止线。但是矶谷判断李宗仁部队不足,可以调动的部队已被坂垣师团吸引住,决心大胆深入,越过临城与枣庄一线,进而直捣徐州。所以他命令第10师团分兵两路,继续全速南下,一部攻占韩庄,主力于3月19日攻占峄县。占领峄县后,矶谷以濑谷支队为主力,向台儿庄推进,以图打开徐州门户。

3. 李宗仁的口袋阵

台儿庄是徐州的门户,它位于徐州东北30公里的大运河北岸、临城至赵墩的铁路支线上,北连津浦路,南接陇海线,扼守大运河的咽喉,是日军夹击徐州的首争之地。但台儿庄周围本是平原地带,无险可守,正是敌人机械化部队驰骋之所,对于劣势装备的我国军队极为不利。

在临沂和滕县告急时,国民政府军事委员会命第1战区的汤恩伯集团和孙连仲集团星夜增援徐州。汤恩伯第20军团,辖2个军,即关麟征第52军和王仲廉第81军,共计5个师:郑洞国第2师、陈大庆第4师、张耀明第25师、

构筑工事,设立口袋阵

张雪中第 89 师和张轸第 110 师,该集团军装备齐全,步兵一律捷克式步枪,另外还有重机枪、步兵炮、山炮等重武器,是中国军队的精华。孙连仲第 2 集团军下辖田镇南第 30 军和冯安邦的第 42 军,由于曾参加娘子关保卫战,损失颇大,实际可参加战斗的只有黄樵松第 27 师、张金照第 30 师和池峰城的第 31 师。

李宗仁的作战计划是,由善于防守的孙连仲军团在台儿庄构筑工事,布下袋形的防御阵地,而汤恩伯军团让开津浦路正面,诱矶谷师团深入;待台儿庄防御阵地发挥到最高效能时,由汤恩伯军团潜进南下,击敌之背侧,包围而歼灭之。

孙连仲在台儿庄的口袋阵地部署,是以第 31 师防守台儿庄主阵地,第 30 师与第 110 师在台儿庄以西,第 27 师与独立第 44 旅在台儿庄以东,分别建立阵地。

在这个口袋阵中,孙连仲部能否吸引日军深入以及日军进入后能否抵挡得住其一波波的攻击,至关重要。如果不能诱敌进入,则达不到围歼的目的;

如果敌军深入后，阵地被日军击溃，被日军攻克台儿庄，后果则更为严重，第5战区的整个局势将会一败涂地。而对于汤恩伯部来说，其责任在于收紧口袋，切断日军补给线，只要补给线被切断，进入口袋阵的日军战斗力则必下降，而我包围之军则可将其合击歼灭。

按李宗仁的计划，汤恩伯部在津浦线作微弱抵抗后，让开正面退入抱犊崮东南的山区，日军不出李宗仁所料，舍汤恩伯军团而不顾，尽其所有，沿津浦路临枣支线而下，直扑台儿庄。3月23日，日军由枣庄南下，在台儿庄北侧的康庄、泥沟地区与守军警戒部队接战。台儿庄战役正式打响。

4. 血战台儿庄

3月24日起，日军反复向台儿庄猛攻，与守军展开激战。日军炮火异常猛烈，守军阵地每日落炮弹六七千发之多，炮轰之后，便以坦克为前导，向守军阵地猛攻。守军以血肉之躯与敌之炮火和坦克相搏斗，至死不退。日军猛攻三

台儿庄守军与日军在激战

坚守阵地的士兵

敢死队员在台儿庄的反复争夺中，发挥了奇兵的作用，收复了很多失去的阵地

昼夜,冲入台儿庄城内,敌我遂在台儿庄内作拉锯战,开展逐街、逐屋争夺战。为争一间屋子,常常相持两三日,伤亡官兵二三十人;为夺一小巷,往往要牺牲一两个连或一两个营。日军几度增援,曾经控制台儿庄四分之三的地区,并一度准备渡过运河,冲向徐州。但我守军拼死不退,孙连仲下令守城部队,即使全员战死,也绝不能撤退。为整饬军纪,鼓舞士气,孙连仲将作战不力的右翼旅长侯象麟撤职,交军法处,将左翼某营营长张某,枪毙于阵前。

正当孙连仲部与日军进行殊死的阵地争夺战时,在台儿庄北部外围战线上,正是汤恩伯部伺机而动的机会。3月28日,汤恩伯下令部队扎紧口袋,开始对深入台儿庄的日军进行合围。

此时矶谷才发现部队已陷入中国军队的包围之中,急调援兵增援。3月29日,从青岛而来的坂本支队急行军增援台儿庄日军,一下子冲到了汤恩伯部侧背,差一点把汤恩伯部反包围起来。此种情形下,汤恩伯命令重新打开口袋,命令第52军向东移动,让坂本支队进入台儿庄阵地。受困日军受到坂本支队的支援,开始激烈反攻,孙连仲部作战更加艰难。

4月3日,我军阵地只存南关一隅,日军电台称已将台儿庄全部占领。孙连仲向李宗仁报告,第2集团军已伤亡十分之七,请示暂时撤退到运河南岸,"让第二集团军留点种子,也是长官的大恩大德!"李宗仁告诉孙连仲,必须坚守到次日拂晓,如违抗命令,当军法从事。孙连仲回答:"绝对服从命令,整个集团军打完为止!"与李宗仁通话后,孙连仲亲自督战。死守最后阵地的池峰城再度请示准予撤退。

孙连仲命令他:"士兵打完了你就自己上前填进去。你填过了,我就来填进去。有谁敢退过运河者,杀无赦!"

4月3日午夜,孙连仲部组织先锋敢死队数百人,分组对敌反攻,人自为战,奋勇异常,部分官兵手持大刀拼杀。日军仓皇应战,乱作一团,日军血战数日占领的台儿庄市街,竟为一举夺回四分之三。

汤恩伯部让坂本支队进入台儿庄阵地,使李宗仁大感意外。李宗仁亲自找

坚守阵地的士兵

战斗间隙,在一片瓦砾的
阵地上护理伤员

中国军队为固守台儿庄
付出了巨大的代价

到蒋介石，要汤恩伯部立即投入战斗。蒋介石立刻打电话给汤恩伯，要他立刻投入战斗。这时汤恩伯部位于日军的后侧方，掌握攻击优势。在蒋介石的严令下，分兵三路攻击，至4月3日下午，移动到日军背后。这时候坂本支队发现，自己也陷入了中国军队的包围之中。

4月6日，坂本支队为了避免自己的部队遭到中国军队的围歼，决定独自向北撤退，而在台儿庄作战的濑谷支队，见援军突然后撤，而中国军队又再度合围，怕再战下去会全军覆灭，决定烧毁所有的重装备与补给，全力突围而逃。是夜，我军全线实行夜袭，诱起了台儿庄附近全线的反攻。在这次反击中，台儿庄西面运河线上的第30师第110师等部，渡河由西面向敌背后的泥沟附近进攻，截断敌之后方联络线。汤恩伯军团主力从东面威胁敌侧。第3集团军曹福林军之一部，渡过微山湖从北面袭击峄县北方敌之后方交通线。4月7日，李宗仁下令所有参战部队，掌握日军溃退的战机，全力追击。日军仓皇逃奔，遗尸遍野，被击毁的各种车辆、弹药、马匹遍地皆是。矶谷师团率残部败退至峄县，已无反攻能力。台儿庄战役至此结束。

台儿庄战役，共歼日军1.2万余人，击落敌机3架，缴获步枪万余，机枪913挺，大炮127门，

是中国军队抗战以来的一次空前的大胜利，也是日本建立现代化军队以来的第一次大惨败。台儿庄大捷传出后，举国若狂，抗战前途露出一线新曙光。

全国各界，海外华侨，以至世界各地发来的贺电如雪片飞来，前来参观战绩的中外记者和慰劳团也大批涌到。

↑中国军队为固守台儿庄付出了巨大的代价

←中国军队正在追击残敌

5. 李宗仁无意再守徐州

台儿庄大捷后，蒋介石不断调兵至徐州，意欲扩大台儿庄战果，第 5 战区部队达到 60 万之众。日军大败于台儿庄后，日本大本营已无法再考虑战略上的深入与分散问题了，所想的只是如何报复中国军队，以挽回其天下无敌的声誉。4 月 7 日，日本大本营下令在中国所有日军部队，不惜一切代价，发动徐州会战，一定要在徐州捕捉到中国军队主力予以围歼。

对于蒋介石扩大战果的设想，李宗仁并不赞同。李宗仁一直主张抗日战争应是持久消耗战，尽量避免不必要的牺牲。早在淞沪会战时，李宗仁就建议蒋介石在淞沪作战应适可而止，保存力量实行长期消耗战。台儿庄战役后，李宗仁判断日军已向徐州合围。我数十万大军集中于徐州一带平原地区之内，正是日军机械化部队和空军的最好作战对象。此时我军只宜利用有利地形有

侵华日军攻占徐州城

利条件，与敌人进行运动战，若自不量力，与敌人作大规模的阵地消耗战，必蹈淞沪战场的覆辙。

蒋介石一再去电，要求李宗仁大胆用兵，彻底扫荡战场，攻击受困待援的日军，打击前来援救的日军先头部队。李宗仁既无意在徐州再战，对蒋介石的命令就一味采取敷衍态度，他思考的，是如何将数十万军队带出去。由于日军已对徐州形成四面合围之势，5 月 17 日，李宗仁下令全线撤退。18 日夜我军放弃徐州。5 月 19日，日军华中派遣军的第13师团，首先攻入徐州，但这时徐州已是一座空城。我数十万大军，已全部脱离了日军的包围圈。日军连一个上尉都没有捉到，其击溃中国军队主力的美梦再次破灭了。从这个意义上说，日军在徐州会战中失败了。

作为徐州会战的指挥者，李宗仁如此总结会战的意义：我军与日军精锐之师周旋5个月，充分发挥了以空间争取时间的战略计划，使我大后方有充分时间部署下一阶段的武汉大会战。在会战的最高潮时，还在台儿庄打了一个举世闻名的胜仗，把京沪战后敌军的一团骄气，打得烟消火灭，同时也冲淡了我方在南京失守后的悲观气氛，使长期抗战重露一线曙光，也延迟了汪精卫之流的卖国行动。

六

万家岭大捷：

挥戈除小丑，弹落阵云黄

日军在万家岭战败，给其106师团的幸存者留下了永远难以抹去的凄惨记忆……

1. 保卫大武汉

武汉地处江汉平原东缘，踞长江与汉水之间，是东西南北水陆交通的枢纽。南京失守后，国民政府虽宣布迁都重庆，但政府机关大部及军事统帅部仍在武汉，当局的党政军要人云集于此。主张抗战的中华民族解放行动委员会（又称第三党）、救国会等民主政党政团的领导人亦纷纷来汉。同时武汉驻有

1937年12月，国民政府首脑会集武汉，决定武汉会战和政府迁渝。图为当时国民政府主席林森发表讲话时的情景

↑武汉会战中儿童在宣传献金救国

↓武汉民众献金盛况

↑文艺界为宣传保卫武汉举行化装游行

↓爱国文艺工作者在街头演出抗日活动剧

八路军办事处与新四军办事处，中共代表团的周恩来、王明、博古、董必武等领导人在武汉十分活跃。武汉成为抗战中枢和中国各派政治力量的聚集之所。日军大本营认为，攻占武汉，就可以摧毁抗日的最大因素——国共合作势力，就可以控制中原，进而支配中国。因此，1938年6月15日的日本御前会议决定，迅速攻取武汉，迫使中国政府屈服，尽快结束战争。6月18日日本大本营正式下达以攻占武汉为目标的第119号作战命令和参谋总长第161号作战指示。而中国政府在淞沪会战后，正以武汉为中心，继续组织抗战。1937年12月13日，国民政府军事委员会制定的《第三期作战计划》提出：国军以确保武汉为核心，持久抗战，争取最后胜利。中国要保卫武汉，坚持抗战，日本要攻占武汉，结束战争，这就构成了当时中、日双方在战略上的一场决战。

"保卫大武汉"一时成为凝聚整个中华民族的响亮口号。

武汉当时事实上成了指挥抗战的中枢、全国救亡运动的中心和抗战文化的汇合点。各种群众救亡组织，总数不下百余个。沦陷区来到武汉的数以千计的作家、艺术家、文艺和文化工作者，空前团结，纷纷自动地投入动员民众、服务抗战的时代大潮。每逢"国耻"纪念日和节日，都有宣传活动；每次空战获胜，还有台儿庄大捷和"七七"抗战一周年，都举行了祝捷会或纪念会；还开展了"扩大宣传周"、"雪耻与兵役宣传周"、"抗战节约宣传周"等动员活动。此外，各种团体游行、街头演剧、义卖、捐物、献金活动等形式，无不激励着人们的斗志。由沙旅、尔东作词，郑律成作曲的《保卫大武汉》唱遍武汉三镇，歌中唱道：

热血沸腾在鄱阳，
火花飞迸在长江，
全国发出了暴烈的吼声，
保卫大武汉！
武汉是全国抗战的中心，
武汉是今日最大的都会，

我们要坚决地保卫着她，

像西班牙人民保卫马德里。

粉碎敌人的进攻，

巩固抗日的战线，

用我们无穷的威力，

保卫大武汉！

1938年7月7日，抗战一周年时，国民政府军事委员会政治部第三厅发出“七七”献金的号召，得到了民众的踊跃响应，其规模与效果都是空前的。除了国民政府军政要员，中国共产党人，一般军人，一般市民、职员、学生、工人和农民之外，连车夫、小贩、孩童、难民、乞丐都纷纷解囊。由于献金踊跃，筹办者不得不增设多处献金台，并把时间从3天延长为5天，献金总额共达百万元以上。当时报纸上有文章评论：“这次武汉三镇轰轰烈烈的献金运动，其情形的热烈，不仅在中国历史上空前，恐怕在世界历史上也少有。”

1938年6月12日，日军波田支队在海军配合下攻陷安庆等地，揭开了武汉

武汉街头充满了鼓动者和士兵，图为抗日示威者

1938年5月1日，武汉各界聚集举行了声势浩大的游行示威，要求全民参加抗日战争

会战的序幕。为适应作战需要，国民政府军事委员会调整了战斗序列：除江防部队指挥系统不变外，将武汉卫戍总部改编为第9战区，辖第1、第2兵团，陈诚为司令长官，组成右翼兵团防守长江以南地区，阻敌第11军部队进攻；以第5战区部队组成左翼兵团，在李宗仁指挥下防守长江以北地区，阻敌第2军部队向武汉进攻。另以第1战区在平汉铁路郑州至信阳段以西地区，防备华北日军南下；第3战区在安徽芜湖、安庆间的长江南岸和江西南昌以东地区，防备日军经浙赣铁路向粤汉铁路迂回。军事委员会的作战指导是重点立于外线，凭依长江两岸的丘陵、湖泊地区，机动作战，采取逐次抵抗、消耗日军，以空间换时间的方针。

在这场“保卫大武汉”的会战中，我军共部署14个集团军、10个军团和战区直属部队及海空军一部，约100万兵力。为攻占武汉，日军集结了14个师团、3个独立旅团、1个机械化兵团和3个航空兵团，加上海军舰艇140余艘，约35万兵力；日本连本土仅留的一个近卫师团，也待命随时增援武汉大战。4个半月时间里（1938年6月11日至10月25日），中日双方在皖、赣、豫、鄂四省数千里战线上鏖战，投入兵力之多，战线之长，时间之久，规模之大，是抗日战争中任何战役所不能比拟的。

2. 万家岭：埋葬日军的“地狱谷”

日军的主攻方向是冈村宁次的第11军沿长江南岸地区的进攻。按作战计划，我第9战区之第1兵团薛岳部防守南浔线，并沿鄱阳湖沿岸配置兵力，以南昌为基地，防止日军进攻南昌及迂回长沙。薛岳把7个军的兵力部署在德安、瑞昌、庐山地区，摆下一个他自称为“反八字阵”的阵势，迎战冈村宁次的第11军。

薛岳，广东乐昌人，生于1896年，原名“仰岳”，取效法民族英雄岳飞之意。成年后，他觉得不能只是崇拜岳飞，便去“仰”字，并以岳飞自况。11岁，薛岳考入广东黄浦陆军小学。14岁，他加入了孙中山的同盟会。陈炯明叛变围攻总统府时，薛岳率官兵曾冒着枪林弹雨掩护宋庆龄安全撤离，深得孙中山嘉许。抗日战争中，薛岳屡立战功，张治中称其为“百战名将”；1946年10月10日，美国总统杜鲁门授予薛岳一枚自由勋章，以表彰他对日作战的功绩。

7月23日，波田支队在九江东面的姑塘登岸，武汉会战由此正式开始。26日九江失守。武汉第一防御地带被撕开了一个口子，日军打开了进军武汉的第一道门。

波田支队继续沿长江西进，冈村宁次令第9师团之第6旅团跟进，8月10日，日军在瑞昌东北的港口登岸，向瑞昌进攻。24日瑞昌失守。

在西进日军进攻瑞昌的同时，第101、106师团从九江沿南浔铁路南犯，进攻德安、南昌。第101师团突破中国守军第190师防线后，被阻于隘口东北附近。第106师团到达马回岭附近时，在金官桥一带遭到我军痛击，伤亡过半（约8000人），阵亡联队长2人，大队长4人。在得到杭州第22师团1个山炮联队的加

↖第9战区司令长官陈诚（左三）等人在研究保卫武汉的作战计划

←武汉会战期间，第五战区司令长官陈诚（左）与第九战区司令长官李宗仁（右）在一起

1938年6月12日，日军在安庆登陆，武汉会战由此展开。图为6月中旬，中国军队开赴前线，反攻安庆，阻止日军西犯

强后，第106师团于9月中旬攻占马回岭；9月25日，向万家岭方向进攻。

第106师团属特设师团，是1938年5月间征召预备役人员临时组建的，师团长为松浦淳六郎中将，辖步兵第111旅团（下辖步兵第113、第147联队），第136旅团（下辖步兵第123、第145联队），骑、炮、工、辎重各一个联队。特设师团在人员数量上与现役师团无大差别，但素质差别较大。以一个步兵联队为例，特设师团内服现役的只有大队长、联队长及联队副官，其他中队长、小队长及士兵都为预备役或后备役。组建部队时，各部队长都是从各部抽调而来，相互配合能力差，战斗力不强。金官桥一战，第106师团一度几乎失去战斗力，更使其落得日本第一弱师团的名声。

万家岭在江西德安境内，属赣西北幕阜山系。万家岭地区，重峦叠岭，地形复杂，山路崎岖，连驮马都不易通过。善于用兵的冈村宁次以弱旅第106师团深入该地区，无疑是一着险棋。

当发现第106师团孤军深入后，薛岳决定围歼该师团。蒋介石批准了薛岳的方案，并交代陈诚：这一仗至关重要，薛岳要什么你就满足他什么。10月1日，薛岳围歼第106师团的作战命令下达到各部：从德星路、南浔路、瑞武路三个方面抽调来的第66军、第74军、第187师、第139师的一个旅、第91师、新编第13师、新编第15师的一个旅、第142师、第60师、预备

↑武汉会战——沿粤汉铁路推进的日军

↓日本舰队逆长江而上，进攻武汉

第6师、第19师，会同负责正面阻击第106师团的第4军，四面包围，全力出击。到10月4日，各部队已陆续靠拢，对第106师团合围之势已成。

冈村宁次通过空军侦察，判断中国军队频繁向万家岭运动是为了围歼第106师团。他立即命令第106师团撤出万家岭，向北转进，与第27师团会合，同时命令第27师团警戒第106师团右翼，企图把第106师团接出重围。

松浦淳六郎接到冈村宁次的命令，立即率部撤离。可是，万家岭一带方圆十几里，全是参天大树，而第106师团进入的林子有磁矿，指南针失灵。更为要命的是，日军所使用的五万分之一比例的地图有很多不准确的地方，而第106师团的高级参谋和幕僚竟无法比照参照物予以纠正。日军在山中到处乱转，处处遭到中国军队阻击，没能找到一条生路。

←我军在赣北德安地区与日军激战

↙中国军队在武汉外围抗击日军

10月7日,我10万大军向日军发起总攻。各部经过激战,进展范围虽不大,但大量杀伤了日军,特别是日军基层军官伤亡惨重。9日,日本华中派遣军司令官畑俊六大将亲自组织向万家岭地区空投了200多名联队长以下军官。偏巧这天风大,降落伞飘到了中国军队的阵地上,许多军官一落地就做了俘虏。

11日,第106师团残部缩小防御地域,退至雷鸣鼓、石马坑等不到5平方公里的地区内固守待援。此时日军与外界的陆上联系完全断绝,粮食、弹药全赖空投。但由于缩小了防御面,又有飞机空投弹药,第106师团的火力并未减弱。12日,我第66、第74军继续向其进攻,但均未奏效。而此时增援日军已取得进展:11日,第27师团的第102旅团及战车第5大队突至杨家山附近;13日,日军第17师团的步兵团到达武开路,与第102旅团会合,并肩向第60师、预备第6师等阻击阵地猛攻。16日,我预6师、第60师后退,情形开始混乱。薛岳鉴于德安方面兵力平均不到原兵力数的三分之一,且第4、第66军已进入新阵地,阵线亟待调整,遂下令将主力"转进至永丰桥、岷山、郭背山、郭垅山、王家山、柘林之线"。17日,我军开始总撤退,敌第106师团残部和铃木支队取得联系。万家岭战役至此结束。

总攻前,薛岳曾下令,如果谁活捉松浦淳六郎,赏大洋10万。战斗中,第4

军前卫突击队曾突至第106师团司令部附近不过百米，因天色太黑，加之自身伤亡重大，未能及时发觉松浦淳六郎。据战役结束后一名日俘供认：

“几次攻至师团部附近，司令部勤务人员，都全部出动参加战斗，师团长手中也持枪了。如果你们坚决前进100米，师团长就被俘或者切腹了。”未能生擒松浦淳六郎，成为此次会战中最大的遗憾。

万家岭战役歼灭9000余人，给日军第106师团以毁灭性的打击。第106师团已失去进攻能力，后在南浔线北段地区担任守备任务，进行休整补充，原定与第101师团进攻南昌的任务被迫取消。

万家岭之败，给日军第106师团的幸存者留下了永远难以抹去的凄惨记忆。

第106师团辎重队运输兵那须良辅在战后所著的《地狱谷中的三个星期》一书中这样描述他们在万家岭的遭遇：

“雷鸣鼓是周围环山的狭小盆地，我们向这峡谷进军。后来才知道，周围的山中有数万敌军在等待我们。

在武汉会战中，日军被我击毙无数。图为日军墓地一角

"当我发现敌军来袭时，我听到令人恐怖的迫击炮声越过我的头上在前面五十米的地方爆炸了。炮弹击中了马群，马群炸了窝般在烽烟中乱冲胡撞。离开九江时有数千匹马，到雷鸣鼓，连一匹马也没有了。从第二天开始，我们的中队就躲在水沟的土堆四周跟敌军对峙。然而由于四周的山中都是敌人，子弹从四面八方飞过来。

"战友们大部都受伤，也有些因为饥饿和疲惫而倒下来。死在水沟中的战友们，他们的脸色都变成茶色而浮肿，白花花的蛆虫从他们的鼻孔和嘴巴掉下来。一连几天都没吃东西，只能从漂浮着同伴尸体的水沟里舀脏水喝，活着的人也都快变成了鬼。我也觉得我的死期到了。对着十月的月亮，我放声大哭。"

万家岭战役是武汉会战中取得的最大胜利，叶挺曾高度赞誉此役："万家岭大捷，挽洪都于垂危，作江汉之保障，并与平型关、台儿庄鼎足三立，盛名当垂不朽。"1939 年冬天，田汉以此战役编写话剧演出，激励了无数中国抗日志士。因为此战中第 74 军打出了中国军队的军威，田汉作词、任光谱曲，创作了《74 军军歌》："起来，弟兄们，是时候了，我们向日本强盗反攻。他，强占我们国土，残杀妇女儿童。我们保卫过京沪，大战过开封，南浔线，显精忠，张古山，血染红。我们是人民的武力，抗日的先锋；人民的武力，抗日的先锋！"

但从万家岭战役也可以看出，我精锐部队与日军最弱师团的战斗力相比，特别是在士兵的战斗素养方面，仍有不小差距。战后薛岳电禀武汉军委会："此次敌穿插迂回作战之企图虽遭挫折，但我集中围攻，未将该敌悉歼灭，至为痛惜。"

3. 新四军韦岗初战

1938 年 1 月 16 日，由南方八省 14 个地区的红军和游击队改编成的新四军在南昌成立。新四军成立后，其主力向苏南挺进，开展游击战争，创建抗日民主根据地。3 月至 4 月，先后到达皖南歙县岩寺的新四军第 1、第 2、第 3 支队，奉命组织由粟裕任司令员的先遣支队。5 月中旬，先遣队到达苏南镇江地区。陈毅指示先遣支队，发挥新四军机动灵活，善于夜战、近战的特点，配合友军保卫武汉，袭击日军车队。

6月15日，先遣支队在侦察中发现镇江到句容的日军汽车往来频繁，每天有五六十辆通过，其往返时间为每天上午8时至9时，下午4时前后。日军戒备不严，甚为麻痹。粟裕了解到句容公路从韦岗到竹子岗一带山道曲折蜿蜒，下山道两旁便于隐蔽，于是决定从各连抽调8个班的兵力，在距镇江30里，距南京59里的韦岗打一场伏击战。

6月16日夜，粟裕司令员召开了连以上干部会议，作出部署：从各连抽调精干的步兵6个班，驳壳枪、轻机枪各1个班为伏击队，由粟裕司令员亲自指挥，在韦岗附近的一个小树林里伏击日军，要求战斗在17日上午打响，一定要把日军的车队截住、消灭。为了封锁消息，部队夜间开始行动，于16日夜到达韦岗以南、竹子岗以北的伏击阵地。17日上午8时20分，镇江方向果然开来一支车队，共5辆车，为首的1辆是轿车。当日军进入伏击地区时，预伏部队突然发起攻击，日军仓皇应战，仅经半小时激战，毙伤日

新四军在韦岗战斗中击毁的日军汽车残骸

↗ 新四军在长江两岸广泛开展游击战从战略上配合武汉会战

←1938年12月25日新四军军部在武汉成立，叶挺担任军长，项英任副军长。左起：周子昆（副参谋长）、张云逸（参谋长）、叶挺、项英、曾山（中共中央东南分局副书记）

→新四军挺进敌后

军土井少佐以下20余名,前4辆汽车均被击毁,第5辆汽车尚未进入伏击区便调头逃回。镇江日军闻讯后,立即乘汽车17辆、坦克1辆,赶来增援,此时新四军伏击部队早已安全转移。

韦岗战斗是新四军挺进江南敌后,抗击日军的第一仗。陈毅获此喜讯,非常高兴,即兴赋诗一首:“弯弓射日到江南,终夜喧呼敌胆寒。镇江城下初遭遇,脱手斩得小楼兰。”

6月28日,新四军一部再次在竹子岗伏击成功。此时离7月1日还有三天。这年5月毛泽东在《论持久战》一文中写道:“今年七月一日,是中国共产党建立十七周年纪念日。”陈毅决定在7月1日这一天再打个胜仗,作为献给党的生日的礼物。最后把袭击目标定为新丰车站。新丰车站在京(南京)沪铁路镇江与丹阳之间,驻有日军第15师团松野联队广江中队40多人,还有特务、汉奸、路警等,共约100余人。1938年6月30日下午,新四军第1支队第2团第1营自丹阳延陵镇出发,隐蔽进抵新丰车站东南18里之东冈。7月1日夜11时许对驻新丰车站日军发起突然攻击,并与敌进行白刃搏斗,歼灭日军10余人。又用火攻的方式,将固守房屋的日军30余人全部烧死,并烧毁车

日军占领武汉

站，1个半小时后结束战斗。袭击新丰车站是新四军的首次夜间战斗。

新四军在苏南的游击战，虽规模不大，但它是在沦陷区内进行的，因而增加了江南抗日军民的信心，打击了日军的嚣张气焰，迫使敌人在这一地区每距三五里地就筑一碉堡，每个据点的兵力增加到60人以上，分散与削弱了日军正面战场的兵力，有力地支援了友军的抗战。

4. 武汉陷落

"万家岭大捷"并不能阻止日军进攻武汉的脚步。至1938年10月中旬，武汉外围第二防御阵地各要点多已为日军占领，武汉已处于三面被围的境地。国民政府军事委员会认为已达到消耗日军的目的，加上在汉之重工业及政府各机构均已西迁重庆，广州已于10月21日沦陷，武汉得失的重要性已较前减弱，因而决定放弃武汉。10月24日开始全线转移；日军于25日占领武昌，26日占领汉口，27日占领汉阳。11月1日，冈村宁次在卫兵的簇拥下，骑着高头大马，踏进了武汉城，他将司令部安排在第9战区司令官陈诚的官邸。

但日军也为占领武汉付出了巨大的代价。据日军发表的统计资料，日军第2军伤亡9600人，第11军伤亡21886人，连同海军伤亡人数，总计约3.55万人；而据日军战史透露的信息和日军被俘人员交代，日军伤亡人数各师团约在30%~40%之间，伤亡总人数约为10万~12万。

占领武汉，日军的攻势达于极限。

武汉会战后，日军在战略的主导能力上完全失控，速战速决的战略完全成为空想，抗日战争以后便逐渐进入相持阶段。

日军明知这是一个泥淖，却已无力自拔了。

↑武汉会战期间，日军为切断海外援华通道，并为南进建立军事基地，10月12日在广州大亚湾登陆，21日，占领广州

←为保存军力，蒋介石10月24日下令放弃武汉。27日，武汉被日军占领

七

黄土岭伏击战：
炮击“名将之花”

日寇阿部规秀中将是中华民族抗日战争中击毙的第一个日军最高指挥官。

1. “扫荡”与反“扫荡”

1938年11月，日本大本营陆军部制定了《陆军部作战指导纲要》，确定侵华日军的作战方针是确保占据地区并使之安定，恢复河北、山西北部，山东省及上海、南京、杭州间地区的治安，并确保其主要交通线。为此，侵华日军总司令官提出“牛刀子战术”，意即中国共产党领导的抗日军队虽“小”，但需要用很大的力量来进攻。日军向华北、华中增派部队，以主要兵力向坚持抗日游击战争的抗日军民进行大规模的“扫荡”。

“扫荡”，彻底清除的意思。

日军为彻底清除抗日根据地敌后抗日力量，采取了种种残酷方式。

←晋察冀边区的爆炸大王、民兵英雄李勇，影片《地雷战》的原型人物

↓地雷战景观

1939年春，日本华北方面军制定了“治安肃正计划”，实行军事、经济、文化、特务一体的“总体战”；此后又实施了“治安强化运动”、“清乡运动”等。

实行烧光、杀光、抢光的“三光”政策，甚至施放毒气和进行细菌战，制造无人区。手段一次比一次毒辣。

在1939年和1940年两年中，仅华北地区日军出动千人以上的大规模“扫荡”就达109次，使用兵力总计在50万人次以上；1941年至1942年，日军在“扫荡”华北的根据地时，一次使用兵力千人以上到万人的达132次，万人以上至七万人的达27次。“扫荡”与反“扫荡”成为敌后抗日根据地斗争的中心内容，反“扫荡”成为敌后抗日

活跃在冀中白洋淀的水上游击队——雁翎队

华北民兵的游击战

游击战争的主要作战形式。为维持大规模、连续"扫荡"，日军华北部队每个士兵平均每年作战三百天以上，疲于奔命。而八路军、新四军在战役兵力、火力处于劣势的情况下，创造了很多极为有效的歼敌方法，如伏击战、破袭战、麻雀战、地道战、地雷战、水上游击战等，取得了反"扫荡"的胜利。

在反"扫荡"作战中，涌现了像"狼牙山五壮士"这样值得后人永远铭记的可歌可泣的英勇人物。

在反"扫荡"作战中，还有像炮击日本"名将之花"这样的著名战例。

2. 从雁宿崖到黄土岭

1939年10月下旬起，侵华日军华北方面军调集第26、第110师团，独立混成第2、第3、第8旅团各一部，共2万余人，向晋察冀根据地北岳区进行大规模扫荡，企图寻找八路军主力决战，摧毁军区后方机关，分割北岳根据地。

涞源盆地位于涞水源头，太行山、恒山、燕山三山环抱，四周有数条隘道，是北国南下中原的"嗉喉"，历代均为兵家要地。11月2日，日军辻村宪吉大佐率独立混成第2旅团第1大队1500余人，从涞源出动，分3路向水堡、走马驿、银坊方向进犯，企图寻歼八路军晋察冀军区第1军分区指挥机关和部队。

从涞源到银坊只有这一条道，一过内长城，都是光秃陡立的石山。从白石口到雁宿崖一段，两面是插入云端的高山，中间是一条宽仅四五十米的河套。晋察冀军区第1军分区司令部杨成武决定集中兵力在雁宿崖附近伏击向白石口—银坊一线的进犯之敌。其部署是：以一部分兵力和地方游击队去牵制、截

↑杨成武向部队作战前动员

↑杨成武陪同聂荣臻司令员检阅参战部队

↓潜伏在伏击地域的八路军指战员

击由插箭岭、灰堡方向前进之敌，使其不能接近伏击战场；曾雍雅的第3支队和梁正中的县支队由白石口向雁宿崖佯动，诱敌至雁宿崖伏击区；唐子安的第2团，纪亭榭的第3团，分别埋伏于雁宿崖东西两侧山崖上，消灭敌军主力；陈正湘的第1团插至白石口南，随时准备堵击敌人的退路。

11月3日拂晓，我三个主力团进至雁宿崖峡谷两侧设伏。7时许，日军500余人被诱进入峡谷。经数小时激战，日军被歼过半，余部被包围于上下台、雁宿崖村附近地区。16时，第1、第2、第3团向被围日军发起总攻，经激烈白刃战，至17时30分，全歼日军。此战，八路军共歼灭日军过村大佐以下530余人，俘日伪军20余人，缴获炮6门、机枪13挺、步枪210枝、骡马300匹及部分军用品。

独立混成第2旅团堪称日军精锐，不久前，其旅团长常岗宽治少将被我359旅在一次伏击中击毙，这次又遭惨败，更是恼羞成怒。11月4日凌晨，旅团长阿部规秀不待集结于易县、满城、完县、唐县等地日军出动配合，即亲率第2、第4大队1500余人，沿辻村宪吉的旧路，进行报复性“扫荡”，企图歼灭八路军晋察冀军区及第120师主力。

晋察冀军区决定在黄土岭地区再歼来犯之敌，以第120师特务团、第25团作为预备队，由杨成武统一指挥。此外，以军区第20团、第26团、第34团牵制易县、满城、徐水和平汉线上的敌人。

黄土岭位于河北涞源与易县交界处，银坊以东直到黄土岭，地形利于设伏。起初我以游击支队缠住日军，使敌无法摆脱，又无法求战。阿部规秀经过思索，决心尽快寻找主力决战，不再与八路军的小股部队纠缠。11月6日清晨，阿部按照原定路线挥师东进，直插黄土岭、司各庄一带地域。聂荣臻发现日军的企图后，决定不再对敌进行小部队骚扰，而让他们“平安”地到达黄土岭，同时命令晋察冀军区第1军分区第1、第3、第25团和游击第3支队，第3军分区第2团，第120师特务团等部包围进入黄土岭一线的日军。

11月7日清晨，天下起了细雨。由于6日晚日军发现黄土岭西北有八路军活动，阿部规秀遂放弃了寻找八路军主力决战的意图，率部冒雨向上庄子、寨头方向边侦察、边交替掩护前进，

←在1939年底的反“扫荡”作战期间，白求恩大夫来到晋察冀根据地工作，这是杨成武与白求恩大夫合影

↓战后聂荣臻和杨成武视察部队

八路军炮击日军

企图返回涞源城。日军十分谨慎，行进速度非常缓慢，但始终未能发现两侧高地上潜伏的数千名八路军。下午15时，日军完全进入了八路军的伏击圈。此时，八路军各部突然发起猛攻。

阿部不愧为“名将之花”，身陷重围依然临危不乱，指挥日军兵分两路，向寨头和黄土岭方向实施突围。

日军指挥部设在黄土岭一个名叫教场的小村庄。7日16时许，八路军晋察冀军区第1军分区第1团团长陈正湘发现一群身穿黄呢大衣的军官，站在一座独立院落的平坝前，正用望远镜观察战况。陈正湘判定，小院可能是日军指挥所。于是，他立即将配属于第1团的分区迫击炮连调上来，把目标指示给炮兵连长杨九秤，杨九秤指挥迫击炮连发数弹。随着几声炮响，教场村边的小院子里腾起一股股烟尘。望远镜里再也看不见人影了。

日军因失去指挥官而极度恐慌，几次拼命突围都遭到八路军的迎头痛击。11月8日上午，日军空投下十多位指挥官以及弹药、给养，准备突围。在得悉日军从灵丘、涞源、唐县、完县、易县、满城等地派出重兵，分五路对我进行合击时，八路军遂主动撤离黄土岭，转移到外线作战。

黄土岭战斗，毙伤日军900余人，缴获大量军用物资。

3. “名将之花”凋谢

在八路军向日军指挥所的炮击中，其中有一发炮弹正打在日军指挥官群中，独立混成第2旅团旅团长阿部规秀当场被炸成重伤，日本陆军省当年11月21日公布的材料写道：“阿部中将……在这座房子的院前，下达作战命令的一瞬间，敌人的一发迫击炮弹飞来，在距中将几步远的地方爆炸。炮弹碎片给中将的左腹部和双腿以数十处致命的重伤。”3小时后，阿部规秀死去。

阿部规秀，1886年生于日本青森县，毕业于日本陆军士官学校，青年时期曾在关东军服役。1937年8月，升任关东军第1师团步兵第1旅团旅团长，驻屯黑龙江省孙吴地区。同年12月，晋升为陆军少将。1939年6月1日，调任侵华日

↑阿部规秀被击毙的地方

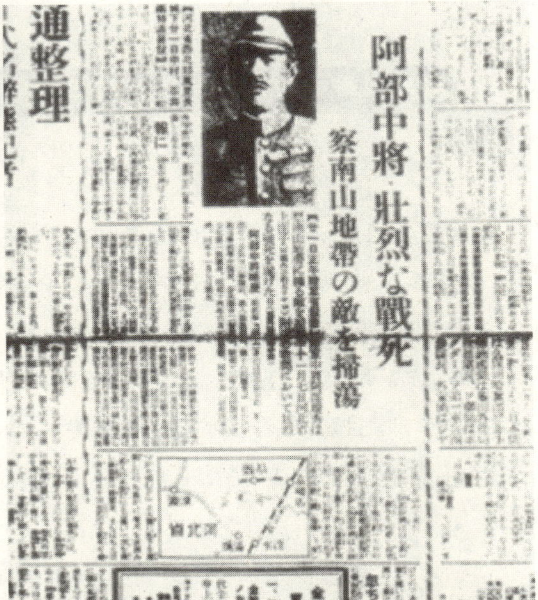

阿部中將 壯烈な戰死

察南山地帶の敵を掃蕩

通整理

→日本报纸登载的关于阿部规秀战死的报道

击毙阿部规秀的迫击炮，这门普通的迫击炮，因此而闻名。现保存于中国军事博物馆

军华北方面军驻蒙军独立混成第2旅团旅团长。同年10月2日，晋升为陆军中将。阿部规秀是擅长运用“新战术”的“俊才”和山地战“专家”，在日本军界享有“名将之花”的盛誉。

在日本陆军省发布阿部规秀阵亡公告后，东京各大报纸在醒目的位置报道了阿部规秀的死讯。《朝日新闻》以《“名将之花”凋谢在太行山上》的通栏标题连登了三天。这篇悼文写道：“自从皇军成立以来，中将级将官的牺牲，是没有这样例子的。这次阿部规秀将军的牺牲，使我们知道，将士们是很奋力作战的……”11月27日，侵华日军在张家口召开了“追悼”阿部规秀的大会。华北方面军司令官多田骏中将在花圈挽联上写着：“名将之花，凋谢在太行山上”。东京为阿部规秀之死降半旗志哀。

阿部规秀中将是中华民族抗日战争中击毙的第一个日军最高指挥官。

为这一胜利，八路军总部为参战部队发了贺电。全国各报纸纷纷报道。不久，杨成武又收到八路军总部转来的蒋介石发给朱德的电报：

朱总司令：

据敌皓日(19日)播音，敌辻村部队本月江日向冀西涞源进犯……支日阿部中将率部驰援，复陷我重围，阿部中将当场毙命等语。足见我官兵杀敌英勇，殊堪奖慰。饬将上项战斗经过及出力官兵详查具报，以凭奖赏，为要。

中正

不久，彭真让杨成武给抗日刊物《新长城》写了一篇文章，题目就是：《“名将之花”凋谢在太行山上——瞧一瞧八路军是不是游而不击》。

八

百团大战：
对日军的“挖心战”

百团大战是抗日战争中八路军在华北地区发动的一次规模最大、持续时间最长的带战略性的进攻战役。日本军华北司令部称此役为“挖心战”，并将每年的8月20日，作为“挖心战”纪念日。

1. 攻击前的形势

1936年8月，日本广田弘毅内阁按照军部的意志，确立了日本“南北并进”的国策，即同时实施大陆政策与海洋政策的对外政策方针，侵占中国，攫取英、美、法、荷等国在东南亚和西南太平洋上的殖民地。

1939年9月，德军闪击波兰，第二次世界大战爆发。德国军队连续发动闪电攻势，在短短70天的时间里，先后打败了丹麦、挪威、荷兰、比利时、卢森堡和号称世界陆军第一强国的法国，几乎占领了整个西欧。希特勒在欧洲取得的辉煌，给日本施行南进政策注入了一剂强心针。当时，英法政府为了全力投入欧洲战场，并使日本对

←1938年3月，八路军前方总指挥部从晋东北的五台山转移到晋东南的武乡县。图为朱德、彭德怀在武乡县的合影

→日军对抗日根据地实施“囚笼政策”

欧战保持中立态度，准备牺牲中国，对日妥协。美国重新开始了所谓“美日谅解”活动，东方慕尼黑的危机再次出现。日本认为南进时机已到。

为使中国成为“南进”的后方基地，1940年5月，日本陆军省制定了在1940年年底前，以全力迅速迫使国民党蒋介石政权屈服的策略。根据这一策略，日军双管齐下，政治上加紧对中国政府的诱降，军事上加大中国政府的压力。

1940年5、6月间，日军发动了自武汉会战以来规模最大的襄宜战役，6月12日攻占鄂西重镇宜昌，控制入川门户；接着又封锁滇（云南）越（越南）国际交通线。攻占宜昌后，日军以之为基地，两个月内对重庆等城市进行了4000架次的持续轰炸，仅重庆一地就遭到日机3300多架次的袭击，投弹量为2500多吨，其中约2000吨落在重庆市内，炸死炸伤5500多人，造成要进攻重庆的气氛。同时，日军还在开封和黄河北岸及山西南部的三角地带集结重兵，散布“八月进攻西安”的空气，截断我西北交通线。

另一方面，日本加紧了对中国政府的诱降。蒋介石集团在抗战初期的大溃败后，对抗日前途悲观失望，也积极酝酿妥协投降，与日共同反共。他一面加紧策划反共高潮，制造“八路军游而不击”，“专打友军，不打日军”等种种谣言，攻击八路军，欺骗群众，挑拨国统区人民与共产党的关系。一面又通过宋美龄、戴笠等与日秘密谈判。在谈判中，蒋方代表一再表示，国民党原则上承认伪满洲国，同意日本在华北驻兵等。在这种形势下，民族资产阶级、上层小资产阶级、开明绅士和一部分地方实力派的中间势力的抗日信心更加动摇。进步势力中一部分人对形势也产生了悲观情绪。妥协投降的空气在国统区弥漫。正当日蒋之间的秘密谈判紧锣密鼓地进行时，汪精卫伪政府在日军的操纵之下，在南京开张了。一时中国大地笼罩在一片阴云之下，妥协投降危机空前严重。

在国内妥协投降危机空前严重的时候，日军旨在困死共产党八路军的“囚笼政策”全面展开。日军以“铁路为柱，公路为链，碉堡为锁”，设有3000余个据点、10000个以上的碉堡和5000余公里铁路、30000公里公路。这些碉堡、据点和公路、铁路，纵横编织，形同蛛网。这张军事网覆盖着整个抗日根据地，对我造成了严重威胁。1939年秋，华北抗日根据地有近百个县城，而到百团大战之前，只剩下两个县城，即太行山的平顺和晋西北的偏关。从1940年3月前后至7月，华北抗日根据地大片地迅速变为游击区。随着根据地的不断缩小，八路军的补给日趋困难，弹药、粮饷、药品都严重匮乏，很多时候一个八路军士兵每天只能吃到7两小米。物资的短缺大大影响了部队的战斗力。日军在总结对八路军作战的经验时就声称："仅就战斗力而言，八路军不过是一支土匪武装。"

在这种严峻而复杂的局势面前，八路军对日军发动一次大战，不仅非常必要，而且也是势在必行。

2. 彭德怀的攻击计划

1939年底八路军总部开始考虑如何反击日军的"囚笼政策"，彭德怀认为，只有抓住敌后的空虚，给以突然猛袭，才能有力调动敌人，给以打击，恢复大后方抗日根据地。1940年早春，彭德怀基本形成了发动一场以袭击正太铁路为重点的大破袭战思路。据李达回忆：7月中旬八路军副参谋长左权来到第

1940年8月15日，聂荣臻在平山县吊儿村召开百团大战主攻兵团首长会议，确定战役部署。舒同、聂荣臻、杨成武、聂鹤亭（左起）在会议期间合影

129师师部，向刘伯承、邓小平谈了彭德怀最近准备组织发动一次破袭日军交通干线的设想。当时刘伯承邓小平听了以后，都欣然赞同。

当时日本华北方面军拥有9个师团、12个独立混成旅团、1个骑兵集团，是中国关内战场上最大的重兵集团。但是，与其所担负的任务相比，华北方面军的兵力难称雄厚：第1军的第36、第41、第37三个师团长期被第1战区卫立煌部牵制在晋南；驻汾阳的独立混成第16旅团主要用于对付第2战区阎锡山部和第8战区第90军李文部；在归绥、包头的骑兵集团与伪蒙军主力则被第8战区傅作义部牵制，动弹不得；由于孙桐萱的第3集团军、何柱国的骑2军、于学忠

百团大战前，八路军领导人在晋东南检阅部队。右起：聂荣臻、刘伯承、左权、杨尚昆、彭德怀、陆定一等

的苏鲁战区以及八路军第115师、山东纵队和第4纵队等部的牵制，日军在山东的第12军、豫东的第35师团和骑兵第4旅团、伪军张岚峰部等均无法抽调。因此，华北日军可用于防御八路军主力进攻的兵力仅2个师团又9个独立混成旅团。加之从第9和第4独立混成旅团抽调了6个步兵大队和1个山炮大队参加襄宜战役，日军对八路军的防线可谓漏洞百出。以第12军为例，在每隔18公里的1个据点上驻有20人，一共分驻800多个据点，多数情况是1个师团差不多分散在200个地点；即使在正太铁路这一重要交通线上，也只能将第4、第8和第9三个残缺不全的独立混成旅团摆成首尾不能相顾的一字长蛇阵。因此，就敌人以少兵临大国，兵力严重不足的现实来说，八路军确立以袭击正太路为重点的破袭战，是切合实际的。

1940年7月22日，八路军总司令朱德、副总司令彭德怀等给各师、军区下达《战役预备命令》，并报中央军委和毛泽东。命令要求以不少于22个团的兵力，大举破袭正太铁路（石家庄—太原）；同时要求对同蒲（大同—风陵渡）、平汉（北京—汉口）、津浦（天津—浦口）、北宁（北京—沈阳）、德石（德州—石家庄）等铁路以及华北一些主要公路线，也部署适当兵力展开广泛的破袭，以配合正太铁路的破袭战。命令要求各部必须在8月10日前完成侦察、器材准备、部队调动等准备工作；并特别嘱咐，准备未完毕以前，战役意图只准告知旅级首长。8月8日，八路军总部又下达了《战役行动命令》，进一步明确了战役部署及作战地域，并规定战役发起时间为8月20日。各部的任务分配是：

（1）聂集团（晋察冀军区）主力约10个团破坏平定（平定县不含）东至石家庄段正太线，破坏重点应在娘子关平定段，对北宁线、德州以北之津浦线、德石路、沧石路、沧保路，特别是元氏以北至卢沟桥段平汉线，应同时分派足够部队拓宽正面的破袭，阻击可能向正太线增援之敌，相机收复某些据点，对西北两面之敌以适当兵力监视，另以有力部队向盂县南北积极活动，相机克复某些据点。

（2）刘邓集团（第129师）以主力8个团附总部炮兵团1个营，破击平定（含）至榆次段正太线，破坏重点，阳泉张净镇段，对元氏以南至安阳段平汉线、德石路、邯大路、榆次至临汾段、同蒲线平遥至壶关段、白晋线、临屯公路，应同时分派足够部队对怀宽正面的破坏，阻敌向正太路增援，对平辽公路应派有力部队积极活动，相机收复沿线某些据点，另以1个团主力位于潞城至襄垣间地区。

（3）贺关集团（第120师）以主力4个团破袭平遥以北同蒲线及分离公路，破坏同蒲线部署，应以重点置于阳曲南北，阻敌向正太线增援。对晋北腹地内各个敌之据点和交通路，应分派部队积极破袭，相机收复若干据点。

（4）总部特务团主力集结于下良、西营地区。

按八路军总部的计划，这一战役的目标是“较长期切断”正太线，“基本是以截断该线交通为目的”（7月22日命令）；“彻底毁灭”正太线和同蒲线忻县至朔县段，使晋东南、晋察冀、晋西北和陕甘宁边区大后方完全“连成一片”（8月31日命令）。而要实现上述目标，仅靠22个团是达不到的，这就使得后来实际参战兵力达到了105个团20多万人（包括第120师28个团，第129师41个团和晋察冀军区36个团）。

8月20日20时整，在没有得到中共中央军委正式批准的情况下，随着彭德怀一声令下，在5000里长的敌后战场上八路军全线出击，向华北主要交通线的破击战开始了。

3. 破袭正太路

当时华北有正太线、同蒲线、平汉线、津蒲线、平绥线、北宁线和胶济线七条铁路干线，其中正太线处于中心位置，它连接平汉、同蒲两铁路，是贯通山西、河北的交通命脉。在这条全长200多公里的铁路线上，有天险娘子关和日

残阳如血：百团大战时八路军在急行军

徐向前在正太路以南指挥战斗

军在华北的重要燃料基地阳泉、井陉煤矿。如果正太线中断，山西境内日军的给养补充和外运掠夺的战略物资将发生极大困难。同时它还是日军实施“囚笼政策”的重要支柱之一。日军妄称正太铁路沿线是“不可接近”的地区，用它隔绝太行抗日根据地与晋察冀边区的联系，并以它为依托进攻抗日根据地，可以说，正太线是我必攻、敌必守的重要交通线。

百团大战的第一阶段(8月20日至9月10日)，八路军在正太、同蒲、平汉、津浦等主要交通线发动总攻击，重点破袭正太路。

聂荣臻的晋察冀军区负责破袭正太路东段。8月20日夜，晋察冀军区以18个步兵团、1个骑兵团又2个骑兵营、5个游击支队，在部分炮兵和工兵配合下，组成左、中、右3路纵队，分别向日军独立混成第8旅大部和独立混成第4旅一部展开攻击。经过三小时反复冲杀，右纵队攻入晋冀交界的要隘娘

↖ 百团大战中的八路军机枪阵地

← 一度攻占娘子关

↓ 交通破袭战是八路军和群众相结合所进行的群众性斗争。图为民兵在夜间破坏铁路

子关，这是正太线最早攻克的重要战略据点。攻击井陉煤矿的中央纵队一部，在矿工支援下，破坏了煤矿的主要设施，迫使其停产达半年之久。23日，因石家庄方向的日军西援，加上连日降雨，河水泛滥，严重妨碍作战行动，晋察冀军区部队遂转移兵力，实施对铁路、桥梁、隧道的全面破击。

在井陉煤矿战斗中，八路军战士从战火中救出两个日本小女孩，大的叫美穗子。聂荣臻指示由专人照顾，并随后将其送还陵城日军据点。聂荣臻还给日本官兵写了一封信，信中说："日阀横暴，侵我中华，战争延绵于兹四年矣。中日两国人民死伤残废者不知凡几，辗转流离者，又不知凡几。此种惨痛事件，其责任应完全由日阀负之。"40年之后，年逾80的聂荣臻元帅还常常挂念着那两个孩子，1980年5月29日，《人民日报》发表了姚远方的文章《日本小姑娘，你在哪里呢？》并配发了当年的几幅照片，在中国和日本引起了很大轰动。

负责破袭正太路西段的第129师，与日军展开了更激烈的战斗。第129师把主要打击力量预伏在狮垴山一线。狮垴山虎踞阳泉大门，从石家庄往西直到阳泉，地形较为平缓，偶有高山。一过阳泉，则山势连绵，正太路从这里进入山区，狮垴山正是这一入口的咽喉。敌在阳泉的第4独立混成旅团部已得到了八路军在该地集结的消息，但很大意，未做任何准备。当晚，第385旅突然袭击阳泉市区，日军第4独立混成旅团长片山省太郎中将大为惊恐。此时，他手里能用于保卫阳泉的兵力加上伪军和非战斗人员也只有700多人，与八路军的进攻兵力对比太悬殊。片山组织仅有的一点部队向狮垴山反击，作生死一搏，经四天激战没有成功，居住在阳泉的日侨，已有人因绝望而换上了赴死的装束。到8月25日，正太路西段除寿阳等少数据点外，均为第129师所控制。刘伯承、邓小平利用这一机会，下令部队抓紧破路，提出"不留一根铁轨，不留一根枕木，不留一个车站，不留一个碉堡，不留一座桥梁，不留一根电杆"，动员组织民众，争取铁路员工，采取搬拆、爆破、火烧、水淹等方法，大力破坏铁路、车站及其附属设施。一条被日军视为命脉的"钢铁封锁线"就这样瘫痪了。

根据八路军总部的整体部署，第120师的任务是配合正太线的破袭作战，破袭同蒲线大同至阳曲段、汾（阳）离（石）公路和忻（县）静（乐）公路，重点在阳曲南北，阻敌增援正太线。第120师以20个团的兵力破袭同蒲铁路北段和铁路以西一些主要公路，并攻占阳方口、康家会、丰润村等据点，歼日伪军800余人，切断了同蒲铁路北段和忻县至静乐、汾阳至离石等公路。

为配合正太铁路和同蒲铁路北段的破袭战，第129师和晋察冀军区还令所属部队出动50多个团的兵力，在游击队和民兵的配合下，对平汉、平绥（今北京—包头）、北宁、同蒲（南段）、白晋（白圭—晋城）、津浦、德石等铁路线和一些主要公路，以及日军占领的许多据点，进行了广泛的破击和袭击，扩展到除山东以外的整个华北地区和主要交通线。在5000里敌后抗日战场上，105个团，20余万人一起奋战，构成了中国抗日战争史上的宏伟景观。

至9月10日，正太路已全部陷入瘫痪，我军预期的作战目的已基本实现，八路军总部下令结束第一阶段作战。第一阶段作战，由于八路军突然而猛烈地破袭日军占领的交通命脉，使日军联络中断，到处被动挨打，陷入一片慌乱之中。汉奸、伪军更是惶恐不安。沦陷区人民异常振奋，自发地支援八路军作战。

4. 摧毁日伪军据点

9月16日，八路军总部发出第二阶段作战命令，要求各部队继续破坏日军交通线，摧毁深入抗日根据地内的日伪军据点。部署是：第120师主力彻底破坏同蒲路北段宁武至轩岗段；晋察冀军区主力破击涞（源）灵（丘）公路，并夺取涞源、灵丘两县城；第129师重点破袭榆（社）辽（县）公路，收复榆社、辽县（今左权）两县城。这一阶段（9月22日至10月上旬）我军主要进行了涞灵战役和榆辽战役。

涞灵战役

日军控制的涞源、灵丘地区深入晋察冀根据地西北部，是日军打入根据地的一个钉子。我与敌反复争夺这一地区，三年的残酷斗争中，四得五失涞源城；敌亦不惜代价，其常冈宽治少将、阿部规秀中将，皆于此地毙命。1940年9

百团大战涞灵战役攻克涞源东团堡

百团大战第二阶段晋察冀军区第3军分区
第2团1连连长李永生在涞灵战役中

月中旬，由于日军主力西移绥西，驻扎该地区的日军仅为第2独立混成旅团和第26师团各一部，约1500余人，另有伪军1000余人。晋察冀军区主力奉总部命令，以8个团、3个游击支队、2个独立营组成左、右翼队和预备队，趁日军主力西调尚未完全返防之机于22日22时发动了涞灵战役。

经一夜激战，由杨成武指挥的右翼攻击部队夺取了涞源县城东、西、南关和两个外围据点，日军退入城内固守。但三甲村和东团堡却遭到日军的顽固抵抗，进展不顺。

东团堡位于涞源城东，是宣化至涞源公路上的日军后勤供应中继站和分割晋察冀根据地的战略支点。据守该据点的日军第2混成旅团的士官教导大队，共130余人，成员全是各部队选来的士官，都是带兵的，训练有素，武器精良，并有坚固的环形防御工事为依托。负责攻击东团堡的是第1军分区3团。

在22、23两日的进攻中，日军以施放毒气等方式负隅顽抗，3团牺牲很大。24日晚，全团再次进行动员，下定决心要在当晚拿下东团堡。总攻开始后，40名战士抬着云梯在火力掩护下，冲向敌中心碉堡。一夜激战，日军几乎全部战死，余下残敌被迫于村中数间房屋死守。25日，日军将据点库存武器、物资、粮食全部烧毁，准备突围。被八路军击退后，井田中佐强迫残存的27个日军跳火自焚，最后自己也葬身于火海之中。聂荣臻曾经感叹说："东团堡之战，是以顽强对顽强的典型战例。"

到26日，右翼队及平西军分区9团相继攻克了三甲村、金家井、北石佛、桃花堡东团堡等13个据点。然而，由于我军阻击不力，23日由张家口出动救援涞源之日伪军推进迅速。28日中午，该路日伪军3000余人即到达涞源城。我右翼队遂转移兵力于灵丘、涞源方向，协同左翼队先后攻占了南坡头、抢风岭、青磁窑等日军据点。

10月2日，晋察冀军区下达涞灵战役第二期作战命令，由邓华率左翼队及右翼队之1团、2团进攻灵丘。但由于我军调动被日军发觉，进展不大。10月9日，又有大同日军1000余人来援。晋察冀军区认为不宜再战，决定结束涞灵战役，部队撤回根据地准备反扫荡。

涞灵战役持续20天，双方伤亡均重。我军战报称，此役毙伤日伪军1000余人，俘日军49人，伪军237人，八路军伤亡1419人。

松辽战役

榆辽公路由阳泉经平定、和顺、辽县到榆社，是日军深入太行根据地最远的一条公路。当时日军准备将这条公路由榆社再向西南地区延伸，经武乡与白晋路相连，达到分割太北根据地的目的。

第129师以第386旅和决死队第1纵队两个团组成左翼队，以第385旅（附第32团）组成右翼队，于9月23日发起榆（社）辽（县）战役，向守备榆辽公路的日军独立混成第4旅展开攻击。

陈赓的第386旅的任务是攻击榆社。榆社是日军自正太路经平辽公路、辽榆大道向白晋路各据点输送补给的主要枢纽之一。日军将榆社变成了一个大

1937年10月19日夜，八路军第385旅以一个营的兵力夜袭代县西南的阳明堡机场，击毁、击伤飞机24架，歼灭日军100余人。这一壮举，有力地削弱了敌空中攻击力量，支援了国民党在山西忻口的防御战。图为在袭击阳明堡机场战斗中牺牲的营长赵宗德

堡垒，尤其是修筑了以东门外榆社中学为核心据点的堡垒群，密布大小碉堡，并将周围修成10至30多米的陡壁，设置数道铁丝网，火力配置十分严密。在屡攻不克的情况下，陈赓决定挖一坑道到敌人核心阵地内，用棺材装上炸药实行爆破。坑道从榆社中学西北角的峭壁一直挖到中学里的碉堡下面，工程量非常大。挖了将近一个昼夜，到25日零时45分，终于完成了坑道作业。在实施坑道爆炸后，突击部队便冲入了敌人阵地，当黄昏来临时，第386旅终于攻占榆社县城，歼日军400余人。

陈锡联的第385旅负责攻击辽县。该旅1937年奇袭阳明堡飞机场后，一直以辽县为根据地。在战前动员会上，陈锡联动情地说：我们第385旅的指战员要明白辽县也是我们这个旅的家，是我们的根据地，打不好，无脸见辽县的父老乡亲。根据刘伯承的安排，第385旅先扫清了榆辽公路上的两个据点——管头和石匣。至9月30日，主力转而攻击辽县。然而，正在这时，由于和顺、武乡日

↖贺龙与关向应在观察地形

←百团大战中八路军通过浮图峪隘口追击敌寇

军分别向辽县增援，八路军总部命令停止进攻辽县，以一部钳制和顺南下之敌，主力转移至红崖头、关帝垴地区，准备歼灭武乡东援之敌。

第385旅在向伏击地域开进途中，在榆树节遭遇日军600多援兵。第386旅趁机从侧后展开攻击，对日军形成了四面包围之势。但日军在8架飞机的掩护下，占领高地负隅顽抗。激烈的战斗持续了两天一夜，双方伤亡惨重，八路军连续发动了10次冲锋，仍不能全歼敌军。此时由和顺出援的日军突破我狼牙山阻击部队阵地。在这种情况下，第129师遂撤出战斗，榆社复为日军占领。

至此，历时9天的榆辽战役结束，我军共歼日军近1000人。

为配合涞灵、榆辽地区的作战，第120师对同蒲路北段进行了新的破击，再度切断了该线交通。

10月2日，八路军总部命令各部结束第二阶段作战，以准备反“扫荡”作战。6日，参加出击的八路军各主力部队均撤回各根据地。在这一阶段的攻击中，八路军给敌人以沉重打击，但原计划要拔除的敌据点未能全部拔除。

5. “拿不下关家垴，杀头不论大小”

八路军1个多月的大规模攻击，是日军始料未及的，他们惊呼“对华北应有再认识”。日本华北方面军司令官多田骏决定对八路军进行报复性“扫荡”：10月6日起，日军以近万人的兵力，对中共中央北方局、八路军总部等领导机关所在的太行抗日根据地榆社、辽县、武乡、黎城间地区进行连续“扫荡”；10月13日起，日伪军以万余人“扫荡”平西（今北京以西）抗日根据地；从11月1日起，日军约7000人“扫荡”太岳区；11月9日，日军又以万余人“扫荡”北岳抗日根据地；12月中旬，日军以2万人的兵力对晋西北抗日根据地进行“扫

↑八路军第120师某部炮击日军碉堡

←八路军战士在长城上写标语

荡”。

10月19日，八路军总部下达反“扫荡”作战命令，至此百团大战进入空前惨烈的反“扫荡”作战阶段。

反“扫荡”作战异常惨烈，如关家垴战斗。关家垴位于太行区的中心，地势险要，易守难攻。10月28日，日军冈崎大队与崛田大队于败退中在此会合。29日下午，彭德怀到蟠龙镇的石门村，召集正在此地休整的第129师师、旅干部开会，口述了总部的战斗命令，要求第129师在兄弟部队的配合下，坚决拿下关家垴。

关家垴日军企图凭借险要地势固守待援，在八路军发起总攻击前，已经以窑洞为依托构筑了完整的工事体系。每孔窑洞既可以独自构成一个火力点，又可以与其他窑洞互相掩护，互相支援，形成交叉火力网。窑洞前还挖有防弹壕，如果手榴弹没扔到位，掉到防弹壕里，就无法对日军构成威胁。日军还将相连的窑洞凿通，形成了网状的工事体系。

八路军各路进攻部队遭到了日军的有力阻击，损失惨重，其中担任主攻的第772团第1营仅剩80余人，战事呈胶着状态。战至31日晨，关家垴仍未攻下，而武乡、辽县之日军2500余人已经出动，试图围歼第129师主力。在这种情形下，刘伯承打电话给彭德怀，建议部队暂时撤围，另寻战机。彭德怀一听，按捺不住往上直窜的火气，在电话中告诉刘伯承：“拿不下关家垴，就撤掉129师的番号，杀头不论大小。”

刘伯承无奈，只得调整部署，重新组织进攻。我军第772团、第769团、第38团、第25团各以1个营，协同第385旅一部，向关家垴上的敌人连续攻击18次，肉搏多次，终于攻上了关家垴山顶。敌大部被歼，残敌60多人退守在一个狭小地域，固守待援。这时由黄烟洞方向来援之日军1500人已逼近。彭德怀看到关家垴被围之敌基本歼灭，来援之敌又太多，为保持主动，再寻有利战机，便下令部队撤出战斗。八路军撤走后，日军对关家垴周围地区进行了疯狂报复，数

←彭德怀在前线指挥作战

天之内屠杀群众竟达6000余人。

关家垴一战后，11月13日，日军先后退回各据点，太行山区历时40天的反“扫荡”结束。

第129师所属太岳军区将主力编成沁(源)东、沁(源)西2个支队，在游击队和民兵的配合下，活动于沁河两岸，寻机打击日军，至11月27日，歼日军近300人，迫使其于12月5日撤退。

12月3日至27日，晋察冀军区以4个团向阜平、王快的日军发动进攻，歼其500余人，迫使日军全部撤出北岳抗日根据地。

第120师部队和晋西北地区群众实行空室清野，坚持“区不离区，县不离县”的游击战。同时，集中

彭德怀在关家垴指挥战斗的旧址

部分主力部队，破坏日军后方交通线，攻击日军修路部队和运输队，共歼灭日伪军2500余人，迫使日军于1941年1月下旬全部撤出晋西北抗日根据地。

至此，历时3个半月的百团大战结束。3个半月中，八路军在地方武装和广大群众的配合下，共作战1824次，毙伤日军2万余人、伪军5000余人，俘获日军280余人、伪军1.8万余人，拔除据点2900多个，破坏铁路470余公里、公路1500余公里，缴获各种炮50余门、各种枪5800余枝(挺)；八路军也付出了伤亡1.7万余人的代价。

百团大战是抗日战争中八路军在华北地区发动的一次规模最大、持续时间最长的带战略性的进攻战役。日本军华北司令部称此役为"挖心战"，并将每年的8月20日，作为"挖心战"纪念日。

6. 青史凭谁定是非？

百团大战在当时产生的巨大影响从以下评论中可以略见一二：

《大公报》1940年9月6日载文报道：自上月20日以来，我军在北方发动了大规模的运动战，平汉、正太、同蒲三路同时发动反攻，铁路到处被破坏……这个攻势，方在发动，已凌厉无前，收获佳果；而三军用命，人人奋勇，攻势正猛，战果必仍将扩大。北方的胜利方在开始，而在全局上的意义尤其重大。

蒋介石向八路军总部发出嘉奖电称："贵部窥此良机，断然出击，予敌甚大打击，特此嘉奖。"

苏联《红星报》评论说："华北之中国军队，目前正在山西省进行主动性之作战。第八路军正展开大规模之攻势。游击战在山东省与北平附近亦正趋于激化，中国人……始终表现高度之民气，对自身力量具有信念。中国人民为自由独立、争取最后胜利而战，依然表现最大之决心而不能动摇。"

美国著名记者史沫特莱写道:“整个华北地区，从晋北山区到东海岸,从南面的黄河到北面的长城,都成了战场。战斗日以继夜,一连厮杀了五个月。一百团打击了敌人的整个经济、交通线和封锁网。战斗是炽烈而无情的。敌人所有的煤矿、电厂、铁路、桥梁、公路车辆和电讯都遭到破坏。”

百团大战大壮了八路军的声威,沉重打击了日军的嚣张气焰。日军参谋本部哀叹:“共军的机动游击战法极为巧妙、顽强”,日军出师华北“三年来惨淡经营积累的资材几乎全部耗尽。”日军不得不承认“遭受共军‘百团攻势’的我军,从各地的兵团直到各军、方面军,均由痛苦的经验中取得了宝贵的教训,改变了对共产党的认识”。日本士兵在日记中写道:“八路军天天攻击,早上活着,就不知道晚上怎样。”日本兵在我凌厉的攻击下,有的跪着缴枪,并且哀求道:“你们不杀,我们可以给你们扫地。”

中国共产党内对百团大战的评价,曾经几度变化。

在百团大战期间及其后一段时间内，党内军内对百团大战都是赞扬的，如毛泽东给彭德怀的电报说:“百团大战真是令人兴奋,像这样的战斗是否还可组织一两次。”但在经过 1941 年和 1942 年 2 年的艰苦斗争之后,在重新总结经验时,有不少人对百团大战开始有了不同看法。

作为当事人,彭德怀在历次党内斗争中虽然承认在百团大战的指挥方面存在着问题,但坚持总体上肯定百团大战。

九

第三次长沙会战：

太平洋战争爆发后盟军首次大捷

狂叫打到中国令其屈膝的日本政府首相近卫，因这次战役未达到目的，被迫下野。

1. 会战长沙

←战前长沙街景

↓武汉失陷后，蒋介石电令湖南省主席张治中在日军进攻长沙时焚烧市区，实行“焦土抗战”。1938年11月12日，政府组织了300人的纵火队，开始火烧长沙。大火烧了3天3夜，2万余平民被烧死，烧毁民房5万栋，毁城2/3。图为大火后的长沙市区

1938年10月，日军占领武汉，趁势又于11月11日占领岳阳，打开了湖南的北大门。湖南顿时成了战争的最前线，紧张的长沙军警在蒋介石“焦土抗战”的指令下，日军尚在数百公里之外，便放火焚烧了长沙城。然而，日军却未“乘胜”南下，而是驻足不前，在新墙河一带与中国军队隔河对峙。当时日本驻武汉的第11军，拥有7个师团与数个独立旅团的兵力，扮演着插入华中心脏地区的战略机动部队的角色，中国则以第5、第6、第9等3个战区包围日本的第11军，双方形成了一种战略平衡的对峙状态。

长沙是湖南省省会，位于湘江下游，洞庭湖之南端，扼粤汉铁路与京（南京）滇国道之交，湘赣、湘桂诸铁道纵横其南，与赣、鄂、桂诸省相通。在武汉和广州失守之后，湖南既为正面战场前线，又为抗日持久战的谷仓及兵源、工业资源取给之地，其得失直接关系抗战前途，自然成为相持阶段中的战略要地，成为中日军队战略平衡的焦点。

日军第11军司令官冈村宁次想打破这个平衡。在占领武汉、广州后，日军大本营已经意识到日军陷入了中国战场的战争泥淖，有意从1939年起，逐年减少在中国的驻军，甚至决定撤退到长江三角洲与华北地区，大幅减少在中国战区的消耗，以保持日军应付苏联的战力。可以看出，日本大本营还在北进政策与南进政策间摇摆。在华日军强烈反对大本营的缩减计划，冈村宁次甚至上报大本营，提出进攻四川的作战计划，要求大幅度增加在中国的驻军。他说，只要增加兵力，就有信心深入中国作战，击败蒋介石的重庆政府。

1939年9月1日，德国入侵波兰，第二次世界大战全面爆发，英、法等国的主要精力被牵制在欧洲，为日本夺取它们控制的南洋地区提供了机会，而此时苏联已经与德国签订了互不侵犯条约。这就使得在日本的国策中，南进政策上升到主要地位。但日本南进，必须以占领中国为前提。在这种背景下，日本军内进一步扩大对华战争的认识占了上峰。于是，冈村宁次呈报了一个进

1938年10月18日长沙各界热烈欢迎滇军58军出发抗日

攻江南的作战计划，日本华中派遣军司令官西尾寿造大将批准了这个作战计划。

冈村宁次的第11军在万家岭战役中曾被薛岳的第9战区痛歼，这次他想找薛岳决战，但还是很瞧不起中国军队。他将日军分兵三路，主攻部队由岳阳南下，企图迫使第9战区的薛岳之主力部队退向湖南的东北角，然后将其围歼。日军狂叫“一个星期内占领长沙”，主攻部队于1939年9月18日发动正面攻势，23日突破新墙河防线，26日主力强渡汨罗江，28日抵达长沙外围。薛岳看到了日军兵力分散的缺陷，采取逐步抵抗、相机转进的战术，引诱日军大胆深入，并在两翼伏击日军。由江西北部的修水一带发起攻击的东路日军，遭到中国军队的有力抵抗与包围，差点被围歼。而由湖北南部发动攻势的中路日军，

↑抗战初期守卫长沙的中国士兵在简单的防空掩体里

↓第一次长沙会战前，长沙军民化路为田以阻止日军重兵器的使用

←第一次长沙会战后，外国武官与中外记者团在长沙县影珠山视察日军阵地及其遗尸

↓第一次长沙会战后，日军为其死亡官兵举行祭奠仪式

受到中国军队的诱导，转向湖南东部追击我军，失去了进攻长沙的机会。冈村宁次东、中两路日军会师的计划也未能实现。这时，冈村宁次察觉其湘北南下长驱直入的部队，左翼暴露，受到威胁，交通线过长难以保障的问题，为避免陷入不利态势，遂于10月3日向新墙河以北后撤。中国军队趁日军撤退之机实施反攻，至10月14日日军退至原阵地。第一次长沙会战从1939年9月始到10月初结束，日军投入10万兵力，志在必胜，但结果既没有占领长沙，也没有捕捉到中国军队主力，而中国军队却取得自抗战以来首次用武力迫使日军回复到战前态势的胜利。

1941年4月日本与苏联缔结《日苏中立条约》，6月，苏德战争爆发，日美谈判已基本破裂，在这种局势下，日军决定发动迫使中国政府投降的战役，以便腾出力量南下与英美在太平洋争霸。新上任的日军第11军司令官阿南惟几中将，是一位狂热效忠天皇的年轻将领，他决定要在长沙打一场胜仗。

第二次长沙会战始于1941年9月。阿南惟几集中了10余万兵力和100余架飞机、数十艘军舰，还专门补充了数千吨弹药，合围长沙。中国守军以14个军，约30万兵力迎战。日军采取了中央突破的打法，志在必得。薛岳一面紧急将部队调往湖南北部集中，一面下令部队采取灵活的迟滞作战，减少与日军正面冲突，而将日军尽量朝向湖南东部的山地诱开。又是一个9月18日，日军主力在强大火力的支援下，分数路很快突破新墙河防线。19日夜，日军突破汨罗江防线后，分路向长沙进犯。中国守军逐村逐山地与日军激战、争夺，虽然打击了日军的锐气，迟滞了日军的进攻，但日军的第4师团，还是一度攻入长沙市区，同时日军的第3师团，侵入株洲。

就在长沙战事危急时，第6战区司令官陈诚趁武汉日军兵力空虚之机，攻击宜昌。宜昌日军第13师团顿时陷入了四面围攻的险境，急电阿南惟几以及日

本中国派遣军司令部求援。宜昌是日军威胁重庆的战略重镇,同时切断了两湖与四川的水运联络,战略地位非常重要。日军不能放弃宜昌,也不能看着第13师团被歼。因此阿南惟几下令停止攻击长沙,撤回全部在湖南的兵力,转入解围宜昌的作战。在日军的仓皇撤退中,薛岳令部队追击,10月9日日军退回新墙河以北地区。至此,恢复了战前态势,第二次长沙会战结束。

狂叫打到中国令其屈膝的日本政府首相近卫,因这次战役未达到目的,被迫下野。

为争夺长沙这一战略要点,日军已发动了两次大规模的会战,但都以失败结束。日军第11军两次败于长沙,在与薛岳的第9战区在多次交战中受到打击,不甘认输的心理和强烈的复仇情绪,促使其司令官要寻机再度攻击第9战区,再度攻打长沙。

2. 到长沙过新年

1941 年 12 月初,日本进行南方战争的准备工作全部完成。12 月 2 日,日本天皇裕仁批准海军军令部总长永野的大海令第 12 号作战命令,8 日 (夏威夷时间为 7 日)凌晨 3 时 19 分,日本联合舰队对美国驻珍珠港的太平洋舰队实施突然袭击,太平洋战争爆发。12 月 9 日,美国政府对日宣战。

12 月 8 日,日本华南方面军的第 23 军,从广州向香港发动进攻。为了配合英军作战,国民政府军事委员会命令各战区对当面之敌发动进攻,以牵制日军。日军担心中国军队会支援驻港的英军,从侧背打击日军的后路,所以要求第 11 军先发制人,在湖南北部采取攻势。这样既可以配合第 23 军的香港作战,又可以给中国军队以严重威胁。第三次长沙会战因此展开。

阿南惟几不甘心第二次长沙会战的失败,想伺机再攻长沙。在 1941 年 11 月下旬,他就命令江西北部日军向湖南北部集结。太平洋战争爆发后,阿南惟几接到了在湖南北部牵制中国军队南下、配合第23军作战的命令，他当然不会放这个进攻第9战区的机会，决定再攻长沙，要把一场牵制战扩大为一场大会战。阿南惟几以第3师团(师团长丰岛)、第6师团(师团长神田)、第40师团(师团长青木)为主，增派独立混成第9旅团及部分航空兵协同作战，再度在湖南北部发动攻势。12月24日日军开始向长沙方向行动，声称“要到长沙过新年”。

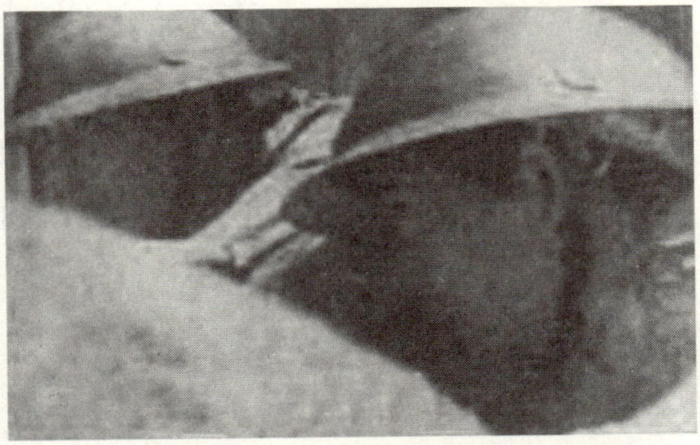

我军与日军进行巷战。

就在第二天，香港英军向日军投降了，这意味着第11军已经完成了牵制任务。但这时阿南惟几已不可能再停止进攻的脚步。他认为，中国第9战区因一部军队南下支援香港已显得空虚，长沙地区的中国军队是挡不住日军攻势的，他要趁此良机立一大功，并报第二次长沙会战战败之仇。12月29日，阿南惟几接到航空兵的侦察报告，说中国军已向长沙方向退却，认为正是趁势攻占长沙的良好战机，决定向长沙方向追击，便于当晚下达了进攻长沙的命令。

第9战区开初得到赣北日军向湘北移动的情报时，还颇为不解，因为这时第二次长沙会战刚结束不久，按常理日军不太可能再次进攻长沙。但在太平洋战争爆发后，他们的判断有了变化，认为日本将由中国战场调出兵力支持其他战场的作战，而兵力愈小，愈要以攻为守，日军把要调走的兵力集中起来再对我军“扫荡”一次，以消除中国尔后进攻的威胁，是很有可能的。于是通令各部队，迅速完成作战准备。罗卓英的第19集团军、王陵基的第30集团军和杨森的第27集团军很快进入指定区域。

蒋介石十分重视日军的此次军事行动，亲临南岳督促部队作战，要求第9战区司令长官薛岳，占领有利地形，主动把握战机，从各方面攻击敌人。日军原来估计占领香港应要1个月以上的时间，但在12月25日，香港英军就向日本第23军投降了。因此，蒋介石命令原本奉命南下支援香港的第4、第73、第74、第99军，昼夜兼程迅速回防第9战区。日军在不到3个月的时间里，以疲惫之师再度进攻长沙，也有利于我军的反击。因此，12月27日，薛岳在长沙召集各兵团各军指挥官举行防卫会议，制定命名为"天炉战法"的后退战战略，即在日军进攻的地区内，彻底破坏道路，实施空室清野，设置纵深伏击阵地，诱敌深入，进而对其尾击、侧击、夹击，使这一地区成为一"天然熔炉"，将日军围歼于内。

为了打好这一仗，薛岳下达了严格的作战纪律，规定各集团军总司令、军长、师长要亲往前线指挥。薛岳表达了誓死一战的决心，命令：如果自己战死，即以罗卓英代行职务，按预定计划歼敌；总司令、军、师、团、营、连长如战死，即以副主官或次级资深主官代行职务；总司令，军、师、团、营、连长倘有战斗不力、贻误战机者，即按革命军连坐法议处，绝不姑息宽容。

3. 死守长沙

阿南惟几要攻占长沙，蒋介石则指令薛岳：第二线兵团要距长沙较远地方，以保持外线机动有利态势，让日军先攻长沙，然后趁其攻击长沙受挫时，集中各方兵力围歼进攻长沙之敌。按这一作战计划，长沙守军能否缠住日军，守住长沙，是会战胜利的关键环节。

第30集团军的第10军承担防守长沙的任务。12月28日薛岳向第10军下达命令："命令你军固守长沙，务求成功，严令部队作战，不得退缩，擅自后退者杀无赦，重伤兵亦不得后撤。"第10军军长李玉堂，在第二次长沙会战时，奉命率部从株洲渌口堵击湘北来犯之敌，血战一昼夜力不能支下令撤退，未能完

第三次长沙会战时我军新墙河机枪阵地

第三次长沙会战时的长沙县福临铺市镇

成任务。李玉堂被免职，调钟斌继任，钟斌还未任职，日军又大举向长沙进攻，蒋介石急电李玉堂继续指挥第10军固守长沙。李玉堂以戴罪之身，肩固守长沙之重任。

日军为了把长沙守军一举消灭，行动相当谨慎，在完成对长沙北、东、南三面包围后，才于1942年元旦向长沙正式发起攻击。日军凭借步兵的绝对优势，冒死进攻，突进市区。阿南惟几见先锋部队已经进入长沙城内，兴奋地回报日军总部，宣布第11军已经攻克长沙，日本立刻发布新闻号外，上下立刻组织庆祝，以歌颂皇军终于攻克长沙的神威。

但阿南惟几没有料到中国军队与日军在长沙展开了激烈的巷战与肉搏战。我第10军对于每一个地堡，每一个建筑物，都不轻易放弃；在重要地区，如八角亭至天心阁附近，与日军发生了逐街逐堡逐屋的争夺战。防守南门外修械所高地的预第10师葛先才团，战至仅剩58人。在葛先才团激战时，师长方先觉将一封家信交给副官主任张广宽，要他送给自己的家人。师政治处代主任杨正华拆开信一看，原来是方的遗嘱，信中写道："蕴华吾妻，我军此次奉命固守长沙，任务重大，长沙的得失，有关抗战全局的成败。我身为军人，守土有责，设若战死，你和五子的生活，政府自有照顾。务望五子皆能大学毕业，好好做人，继我遗志，报效党国，则我含笑九泉矣！希吾妻勿悲。夫子珊。"杨正华看过信后，决定发表以壮士气。第二天，《长沙日报》头版刊出大字标题文章："方师长誓死守土，预立遗嘱"。读者莫不感泣。李玉堂戴罪立功，方先觉誓死守土，对死守长沙起到重要作用。会战结束后，国民政府军事委员会发布命令：一、前任命钟斌为第10军军长，收回成命。预第10师师长方先觉升任第10军军长。二、李玉堂调任第27集团军任副总司令。

由于新墙河至长沙的道路，都被我方彻底破坏了，日军仅能用马匹驮来不多的山炮和平射炮。而守军将重炮兵旅放在岳麓山，岳麓山高297米，与长沙隔江相望，对长沙有钳制之利，较日军炮兵占绝对优势，能够有效地压制日军的炮兵。岳麓山的炮兵，只要有要求，不出1分钟，就可射出炮弹，准确性极高。而攻到长沙的日军，所携带的补给并不充足，补给线被切断后，只有靠空投补给品支持。此时刚好湖南遭到数十年罕见的酷寒气温与雨雪。诸多因素加在一起，使日军的战力迅速地下降。

1942年1月3日，增援的第73军的先头部队已经赶到了岳麓山附近。长官部立即让他们接替湘江西岸及岳麓山的防务，让第10军在湘江西岸的一部增援东岸长沙市区的战斗。守军士气更加高昂。薛岳又下令进入包围位置的部队，在1月4日，对日军发动全线的反击。

此时围攻长沙的日军第11军已是粮弹将尽，死伤惨重，既无法攻下长沙，腹背又同时受到中国军队的打击，处境危殆。在这种局势下，日本第11军的全体参谋，向阿南惟几提出反对意见，要求下令日军设法尽速退出阵地。阿

长沙雅礼中学的学生在为抗日将士换药

第9战区第10军军长李玉堂

南惟几同意了,在1月3日夜决定撤退。

1月4日,日军在撤退前又对长沙进行了一次猛烈的攻击,既是隐蔽其撤退意图,也反映了日军的不甘心。这次进攻,日军以飞机助战,而且抱着强烈的复仇心态。只见日军冒着刺骨的严寒,赤背袒胸猛冲猛进。但血肉之躯,怎能挡住猛烈的炮火,日军所有的进攻均被守军击退。

日军第三次进攻长沙又以失败告终,日本新闻发布日军已经攻陷长沙的快报,自然在全世界人面前闹了个大笑话。

日军原本想把长沙完全攻下,把第10军完全消灭后再走,如果做不到,感觉会失去"皇军"的面子。这就使其失去了撤退的时机。等到我外线主力部队接近长沙时,日军除了态势不利和伤亡重大、疲劳过度外,携带的粮弹也不允许它再对优势兵力作战,它不得不趁夜仓皇撤退。第10军首先发觉日军由长沙南部撤退,即派小部队向长沙北部东北部夜袭,这更增加了日军的混乱。日军非万不得已是不在战场遗弃尸体的,这次却未及烧完。后来第9战区参谋长吴逸志让人把已经掩埋的日军尸体全部扒出来,埋在一起,堆一个高台子,并勒石留念,上书"倭寇万人冢",旁书"陆军中将吴逸志题"。冢中虽没有万人,但也有几百具尸体。

日军仓皇撤退,一路退,一路被打,在第9战区各部队的阻击、追击、侧击、袭击下,撤退行动极为狼狈、迟缓。长沙到汨罗江不过70公里,而日军直到12日才撤至该地,足足走了8天才得脱困。1942年1月15日,日军全部撤退至新墙河北岸原阵地。第三次长沙会战又以日军的惨败而告结束。此后,日本的第 11 军在几年之内,都不敢再对长沙进行任何重大的攻击。

4. 中国跻身主要盟国

第 9 战区司令官薛岳叙述第三次长沙会战的战果为：击毙日军联队长 5 人,大队长 5 人,中队长 4 人,小队长 10 余人,击毙敌官兵 56000 余人。日本防卫厅战史室统计的数字是,此役日军死伤 6003 人。日军事后对这次会战失败的检讨说:“重庆军节节败退,我军是完全跳入重庆军事先设置的陷阱而进行作战的”,“作战始终是在极为困难的情况下进行的”,“这次作战,动摇了一部分官兵的必胜信念”。

中国在第三次长沙会战中,获得大胜,的确是珍珠港事变以来,盟国在亚洲战区中惟一的胜利。

这时,美、英、荷军队在对日作战中均遭失败:1941 年 12 月 25 日,英军在香港向日军投降,日军第 14 军于 1942 年 1 月 2 日攻占美军防守的菲律宾首府马尼拉,第25军于1月11日攻占英军防守的马来亚首府吉隆坡,第16军同日攻占荷兰军队防守的东印度群岛的婆罗洲。英国《泰晤士报》发表评论指出:“12月7日以来,同盟军惟一决定性之胜利系华军之长沙大捷。”

第三次长沙会战的胜利,立刻成为全球新闻的焦点。会战刚结束,苏、美、英、法各国记者就到长沙来采访。

在西方国家的军队被日军击败之后,中国军队取得长沙会战的胜利,使这些国家认识到中国军队的作战实力是不可等闲视之的。西方国家开始认识到,在世界反法西斯战争中,中国是一支不可缺少的力量。因此美国政府以最快的速度,通过法案拨给中国5亿美元的信用贷款,英国政府也立刻通过给中国5000万英镑,作为法币的平准基金。由于中国在反法西斯战争中起到的重要作用,中国成为抵抗法西斯轴心的主要盟国之一,中国的国际地位得到空前提高。

缅北、滇西反攻战：
异国扬威与绝地大反击

是抗战以来正面战场惟一的一次获得彻底胜利的大规模进攻作战，也是自甲午战争以来第一次援助盟国进入异邦国土作战并获得胜利的一次大规模进攻战。

1. 中国远征军

一本《独自阅读——战争就能够取胜》的小册子这样告诉日军士兵："在经历了欧洲人几个世纪压迫之后，这些国家已经差不多完全丧失了解放的能力。我们希望帮助他们迅速获得解放。"当日军侵略舰队开往东南亚时，每个士兵都得到了这本标着"机密"的小册子。日军士兵侵入到东南亚这个陌生的地方，被赋予了"解放"的使命。但这个小册子又告诫他们："登陆后当你遭遇到敌人时，把你自己想像成一个复仇者，最终你面对的是谋杀父亲的凶手。你

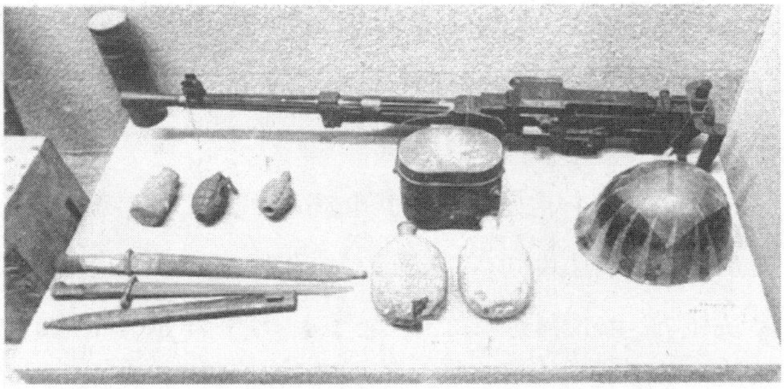

↑中国远征军的武器装备

↓10万远征军赴缅作战

血液沸腾，怒火中烧：必须将这个人置于死地。如果没有完全杀死他，你就将永无安宁。”这里透露出，在东南亚，侵略与反侵略之间的争夺将是无比的残酷。

1940年9月，日军入侵越南，加紧了对东南亚侵略的步伐。

1941年12月8日，在日本发动太平洋战争的当天，日军南方军第15军的近卫师团攻入中立国泰国境内，泰国被迫于上午9时30分同意与日本订立军事同盟。同时日军发动了对马来亚的进攻。由于在太平洋地区作战异常顺利，日本大本营考虑提前入缅作战。12月23日，大约60架日军飞机狂轰滥炸仰光。接下来，饭田祥二郎中将的第15军从泰国向缅甸发起地面进攻。到1942年1月份的第3个星期，日军的两个步兵师团已经穿过丛林地带。3月8日，日军攻占仰光。

日军占领东南亚地区的野心，损害了英国等国家的利益。英国决定改变对日本的妥协态度，与中国建立军事同盟，希图借中国人民长期抗战的力量，支援它在远东殖民地特别是缅甸、印度、马来亚方面的作战，挽救其远东大后方的危机。为了保持惟一国际通道——滇缅公路的畅通，中国政府也迫切希望与英国在军事上的合作。

早在1941年2月中国军事高级代表团在考察缅甸、印度、马来亚三国时，就提出了与英国共同保卫缅甸的问题，但英国害怕中国军队进入缅甸会对其殖民统治产生不利影响，拒绝了。太平洋战争的爆发和日军对东南亚地区的入侵，使中国军队入缅作战问题出现了转机。经中国政府提议，1941年12月23日，在重庆召开了东亚联合军事会议，26日，签订了《中英共同防御滇缅公路协定》，中英正式结成军事同盟。但当中国政府向英国驻印缅军总司令韦维尔表示，如果英国需要，中国可以派遣8万人入缅作战时，韦维尔还是拒绝了。就在这时，日军对缅甸的进攻势头越来越猛，1942年1月31日，日军击溃英印军第16步兵旅，占领了毛淡棉，形势危急。在这种情况下，英军于2月3日和2月26日，多次请求中国军队迅速入缅，协助英军作战。

1941年12月11日，中国政府开始作远征军动员，1942年3月12日正式成立“中国远征军第一路司令长官司令部”（原定第二路在越南方面，以后情况变化未组建），率第5、第6和第66军，入缅与英军并肩抗击日军。

“中国远征军”是一个笼统的称呼，它的发展分为前后两个阶段，每个阶段分属不同作战地区。

第一阶段自1941年12月11日中国军队动员入缅始，到1942年8月止。这一阶段的远征军属于中国远征军第一路司令长官司令部指挥，司令长官卫立煌未到任，由杜聿明代理，继任罗卓

↗ 东南亚闪击战中的日军

→ 日本妇女庆贺前方胜利

缅政府访华团到昆明

英，副司令长官杜聿明，共3个军，即：杜聿明的第5军，辖第200师（戴安澜）、新22师（廖耀湘）、第96师（余韶）、第5军新兵训练处（黄翔）；甘丽初的第6军，辖第49师（彭璧生）、第93师（吕国铨）、暂55师（陈勉吾）；张轸的第66军，辖新38师（孙立人）、新28师（刘伯龙）、新29师（马维骥）。这一阶段的主要作战有东吁防御战、仁安羌解围战等。

第二阶段自1942年8月中国远征军第一路司令长官部及新22师、新38师等部队退入印度始，至1945日本投降止。这一阶段中国远征军分为中印两个方面。

在印度方面，中国远征军第一路司令长官部及新22师、新38师等部队退入印度后，人员陆续得到补充，在印度蓝姆伽接受美军的装备和训练，于1943年6月在印度成立“中国驻印度军总指挥部”，简称“驻印军”或“中国驻印军”，也称为X部队，史迪威兼任总指挥，副总指挥罗卓英（后为郑洞国），共2个军，即：新1军（郑洞国，继任孙立人），辖新30师（胡素，继任唐守治）、新38师（孙立人，继任李鸿）、第50师（潘裕昆）；新6军（廖耀湘），辖新22师（李涛）、第14师（龙天武）。驻印军的主要作战有胡冈河谷战斗、孟拱河谷战斗及八莫、新维、腊戍战斗等。

在中国方面，第一阶段中国远征军的一部分从缅甸撤回至国境内怒江东岸，后经整顿补充，全部接受了美式装备，于1943年4月在云南楚雄成立“中国远征军司令长官司令部”，陈诚任司令长官，卫立煌继任，副司令长官黄琪翔，也称Y部队，所属部队有：宋希濂的第11集团军，辖第2军（王凌云）、第6军（黄杰）、第71军（钟彬）、第5军第200师（高吉人）；霍揆彰的第20集团军，辖第53军（周福成）、第54军（阙汉骞）；何绍周的第8军为司令部直属部队。这一方面远征军的主要作战有围攻松山、腾冲、畹町等战斗。

仁安羌解围战一战成名的孙立人

2. 异国苦战

缅甸可分为两部分:曼德勒(即瓦城)以北为上缅甸,以南为下缅甸。上缅甸西有那加山脉,中为明克山脉,东南为汤彭山脉;下缅甸西有阿拉干山脉,中为勃固山脉,东有蓬隆山,与泰国毗连的是登劳山脉。伊洛瓦底江、色当河(又称西当河、锡当河)、萨尔温江3条河流,南北贯通全境;铁路公路南北贯通,并与我滇缅路相衔接。

曼德勒是上缅甸政治中心,握交通之枢纽,扼水陆之总汇,为历史上兵家必争之地。下缅甸的中心仰光,有现代化的港口设备,是我国抗战物资供应的最后一个国际海港,也是中国远征军必争之地。总的来说,仰光为全缅门户,东吁、普罗美都是要隘,曼德勒为四战之地,八莫、密支那为最后屏障,而棠吉、梅苗又为腊戍的屏障;屏障一倒,不仅缅甸自身无以立足,中缅边境物资汇集的腊戍、畹町也就危险了。

日军在占领仰光后的攻击计划是,以曼德勒为中心,预定在1942年5月底以前歼灭中英联军的主力,然后肃清缅甸境内的残敌。按此计划,日军第15军司令官饭田祥二郎命竹内宽的第55师团在击破正面之敌后,迅速向东吁方向推进,准备向曼德勒跃进。

中国远征军猛攻敌阵地

东吁距曼德勒190里,滇缅公路从这里穿过,是日军北上必经之路。仰光失守后,东吁成了军事上的重镇。3月8日,远征军第5军第200师刚接替英缅第1师在东吁的防务。史迪威的计划是,以第200师吸引日军,然后对日军进行合围。

3月18日,日军追击撤退英军至远征军警戒区,双方发生激烈的前哨战。20日,日军第143联队向我第596团阵地进攻,遭到顽强阻击。此后数日,第596团在最贝、奥敦等前沿阵地层层阻击,日军称是入缅以来"第一次与强敌遭遇",使"指挥陷于混乱和苦战"。

24日,日军占领东吁城西北的克永冈机场,第200师后方联络被完全切断,陷于三面被围的形势,师长戴安澜决定放弃前沿阵地,集中兵力固守东吁。

25日起,日军第55师团从西、南、东3个方向全力猛攻东吁,激战至26日晚,日军攻占了铁路以西的市区,但守军仍坚守铁路以东的主要市区。两日的激战，双方均付出较大的伤亡，日军自称："攻击力量已达极限。"戴安澜知道以后作战将更加残酷，把 22 日写的一封家信交给通讯连长，要他战后设法送到家中。信中说："此次奉命固守东吁，因上面大计未定，与后方联络过远，敌人行动又快，现在孤军奋斗，决心全部牺牲，以报国家养育！为国战死，事极光荣。"

第 200 师的防守苦撑到 29 日。此时，增援的新编第 22 师和第 96 师均受阻无法向东吁推进，而日军第 56 师团先头部队已于 28 日中午到达第 55 师团的位置，第 200 师处境更加艰难，有被围歼的危险。在此情形下，杜聿明决心命令第 200 师于 29 日晚突围。但史迪威坚决反对，并派他的参谋监督杜聿明实施他的攻击命令。杜聿明不为所动，最后还是下了第 200 师撤出东吁的命令。在新 22 师的接应下，第 200 师安全地从东吁撤离。

东吁保卫战是缅甸作战中，中英联军进行阵地防御战斗中坚持时间最长的一次战斗，也是阵地防御战斗实施敌前撤退的一次成功的战例。远征军作战之英勇连其敌人也不得不承认，进攻东吁的日军第 55 师团在其记录中说："当面敌人是重庆军第 200 师，其战斗意志始终旺盛。尤其是担任撤退掩护任务的部队，直至最后仍固守阵地，拼死抵抗。虽说是敌人，也确实十分英勇，司令官饭田中将及其部下对其勇敢均表称赞。"

日军攻占东吁后，第 55、第 18 师团沿东吁至曼德勒轴线向彬文那进攻，第 56 师团从右翼沿东吁至腊戍公路向垒固进攻，第 33 师团从左翼沿伊洛瓦底江两岸向仁安羌进攻。

在日军第 33 师团的攻击下，英军于 4 月 15 日放弃仁安羌向北撤退。日军发觉英军这一动向后，迅速突进仁安羌，并切断仁安羌以北的 2 处公路，16 日将英缅军第 1 师全部和装甲第 7 旅一部后路切断，将 7000 英缅军及 500 余名美国传教士、各国记者和侨民包围于仁安羌。英军反复攻击均告失败，粮弹告竭，又无水源，陷于绝境。史迪威命令孙立人的新 38 师解英军之围。17 日，孙立人令第 113 团连夜向仁安羌进发。18 日晨，第 113 团开始向日军发起攻击，激战至 16 时，日军被迫放弃阵地；被围英军同时展开突围战，苦战一日，但毫无进展。19 日凌晨 4 时 30 分，第 113 团渡过宾河对日军阵线展开全面进攻，反复冲杀，激战至15时与英军取得联系，至18时，终于将日军阵地攻破，迫其向伊洛瓦底江溃退。此次战斗给日军第213联队以歼灭性打击，解了7千余英军之围，救出传教士、新闻记者500余人。战斗结束后，远征军将从日军手中夺回的100多辆汽车和1000余匹马匹等原数归还英军。

第113团以寡击众，亦付出重大代价，战死3营长张琦以下204人，伤318人，全团伤亡近半。仁安羌之战是中国远征军入缅后第一个胜仗，孙立人以不满千人的兵力，救出近10倍于己的友军，轰动全球。英国人更是将仁安羌突围比做第二个敦克尔刻大撤退，英国女王第一次将“帝国司令”勋章授予孙立人这位外籍将领；罗斯福授予孙立人“丰功”勋章。后来，仁安羌解围战被美国西点军校选为以少胜多的范例，作为战术课的教材。1944年8月，孙立人升任新1军军长。

日军第56师团的进攻也在迅速推进。至4月25日，已直逼腊戍，形势日趋严峻。蒋介石电令罗卓英，当前作战以保守腊戍为主，但史迪威、罗卓英仍坚持进行曼德勒会战，没有以主力增援腊戍。29日，日军轻易占领腊戍。腊戍是滇缅公路通向云南的必经之地，占领腊戍，等于断绝了中国军队的后退之路。4月30日，日军向远征军第66军发起进攻，不到半天，第66军即被打散。尔后，日军一部北上，5月3日占八莫，8日占领与云南仅隔高黎贡山的缅北重镇密支那；一部东进，5月5日占领滇缅公路上重要桥梁惠通桥西端，完全断绝了中国远征军回国的道路。

4月25日，蒋介石电告史迪威等，命令远征军向中国边境转移。至8月初，远征军一部败退至印度集结，一部败退至云南集结。

缅甸之战，日军是作了周密计划后实施的，进展迅速。而中国远征军则是仓促入缅作战，与英军无统一作战计划，加之地形不熟、语言不通、气候不适、情报不灵，作战一直极为被动。这就使得1942年远征军入缅作战损失极为惨重，远征军共103000人，最后死伤44300人，失踪11880人，损失达56480人。

远征军1942年入缅作战，历时半年，转战1500公里，取得了一些局部战斗的胜利，但虽经浴血奋战，付出重大代价，也未能挽回缅甸战场的颓势，没有达到与英军协守缅甸、保卫滇缅公路的战略目的。

3. 败退野人山

远征军战败撤退，遭受的失败更为惨重。

史迪威、罗卓英率部分远征军向印度转移，杜聿明则率部分远征军向云南方向突围。由于滇缅公路及其他战略要点均在日军控制之下，杜聿明率部闯入了惨绝人寰的野人山。

胡冈河谷，缅语为“魔鬼居住的地方”。它位于缅甸最北方，由达罗盆地和新平洋盆地组成，山高林密，不见天日。据说原来曾有野人出没，因此当地人

远征军败退到怒江东岸，炸毁惠通桥，阻敌于怒江

将这片方圆数百里的地区统称“野人山”。胡冈河谷河流交错，雨季泛滥，水势汹涌，舟船难通，因此有“绝地”之称。

杜聿明进入野人山后，便意识到情况不妙。5月后缅甸进入雨季，远征军进入到一个没有枪炮声的恐怖战场。杜聿明后来在回忆录《中国远征军入缅对日作战述略》中无比沉痛地写道：“自六月一日以后至七月中，缅甸雨水特大，整天倾盆大雨。原来旱季作为交通道路的河沟小渠，此时皆洪水汹涌，既不能徒涉，也无法架桥摆渡。我工兵扎制的无数木筏皆被洪水冲走，有的连人也冲没。加以原始森林内潮湿特甚，蚂蟥、蚊虫以及千奇百怪的小巴虫到处皆是。蚂蟥叮咬，破伤风病随之而来，疟疾、回归热及其他传染病也大为流行。一个发高热的人一旦昏迷不醒，加上蚂蟥吸血，蚂蚁侵蚀，大雨冲洗，数小时内就变为白骨。官兵死亡累累，前后相继，沿途尸骨遍野，惨绝人寰。”恶劣的自然条件，增加了部队的恐慌情绪，许多毛骨悚然的故事在队伍里流传着：有一个姓许的士兵腹痛，到草丛中大便，半日不出，一个同乡叫他也没答应，急忙到草丛找他，发现他枯缩在地上，已被蚂蟥吸干多时。一个工兵排奉命架桥，最后都不见了踪影，营长闻讯查看，原来一排工兵误入沼泽，遭受蚂蟥袭击，全部丧命。热带地区的蚂蟥，有一尺来长，粗若棒槌，附在牛马身上，一次可吸血1斤左右。军部的一个卫士班，早晨集合时全班未到，连长派人寻找，发现一班人都被巨蚁吸食。热带巨蚁，食肉，性凶猛，猛兽蛇蝎皆避之唯恐不及。

后来部队断粮了。开始每人每天发2两米，后来减到1两，最后只能找芭蕉、野果、野菜充饥。没有人准确知道什么能吃，什么不能吃，因误食毒物死亡的人越来越多。凡是认为可吃的东西都吃了，甚至出现了人吃人的现象，活人吃死人，活人吃活人，真可谓惨绝人寰。

与恶劣的自然条件和食物短缺相随而来的是疾病的流行。因中瘴气死亡的人从每天几人增加到几十人。后来，回归热又侵袭了部队。杜聿明自己也患上了回归热，昏迷两天，不省人事。全体官兵曾因此暂停行军，等他被救治清醒过来时，已延误了两日路程，沿途护理他的常连长因受传染不治而亡。

死人的事，已经是习以为常了。在一条行军线上，几乎每走一步，就可能发现一个倒毙者。

戴安澜

戴安澜的第200师是杜聿明第5军的前卫。为了迷惑日军，戴安澜精心制定了一条向南再向北，再向南然后急速北进的路线。第200师走出一片原始森林后，在穿越昔卜、摩谷公路封锁线时，遭到日军伏击，戴安澜在战斗中受伤。戴安澜的伤口被雨水浸泡，感染化脓，高烧不止，1942年5月26日下午5时40分，在缅北茅邦村殉国，时年38岁。

戴安澜，安徽无为人，20岁投笔从戎，参加北伐军，后保送上黄埔军校。抗战爆发后，先后参加过古北口战役、台儿庄战役、武汉保卫战等，因战功卓著，1938年5月提升为第5军第200师少将师长。1939年率部挺进广西，在保卫昆仑关的战斗中死守阵地，重伤不退，被誉为“当代之标准青年将领”。远征军入缅作战，第200师是先头部队，戴安澜率部在东吁、棠吉等战略要地据险血战，受到中外舆论的赞誉。7月15日，戴安澜的遗体运回昆明，各界代表5万余人举行隆重的公祭。1943年4月1日，国民政府在广西全州为戴安澜举行国葬仪式，国共两党领导人纷纷书赠挽诗、挽联。

毛泽东的挽诗：外侮需人御，将军赋采薇，师称机械化，勇夺虎罴威。浴血东瓜守，驱倭棠吉归，沙场竟殒命，壮志也无违。

蒋介石的挽联：虎头食肉负雄资，看万里长征，与敌周旋欣不忝；马革裹尸酹壮志，惜大勋未集，虚予期望痛如何。

周恩来的挽联：黄埔之英，民族之雄。

朱德、彭德怀的挽联：将略冠军门，日寇几回遭重创；英魂羁缅境，国人无处不哀思。

张治中的挽联是：国外播雄威，万里尸归魂壮烈；军中草露布，千秋言在气清刚。

1942年6月2日，第200师冲破日军最后一道封锁线，进行了著名的郎科突围，6月17日抵达腾冲附近。此时全师仅余官兵2600余人。

7月25日，杜聿明部在孙立人搜索部队的带领下，走出野人山，抵达印度的莱多。

远征军撤退死伤人数比在战场上与敌战斗而死伤的人数多得多，以第5军为例，全军动员入缅时共42000人，战斗死伤7300人，撤退死伤14700人，最后撤回的仅两万人，损失在一半以上。1942年8月上旬，杜聿明率第5军军部回国，离开印度前，他在列多设下灵堂，亲自主祭远征军官兵的亡灵。杜聿明发誓，远征军一定要再打回缅甸去。

4. 1943：反攻年

随着1943年的降临，世界反法西斯战争形势发生了根本转折。

这一年5月，侵略北非的德国、意大利军队投降。

1943年7月，美英军队在意大利的西西里岛登陆，意大利发生政变，墨索里尼政府垮台；9月初，意大利新政府签署无条件投降的停战协定，法西斯轴心集团开始瓦解。

1943年2月，苏联军队取得斯大林格勒战役胜利；同年7月，苏军在库尔斯克战役中取得全胜，打破了德军企图重新夺回战略主动权的妄想。从此，苏军开始了战略反攻，推动了世界反法西斯战争形势的根本转变。

在意大利、德国法西斯遭受失败的同时，日本法西斯也开始面临穷途末路。早在1942年6月，在中途岛海战中，美军伏击日本舰队，取得巨大成功。从此，日军在太平洋再也无力发动大规模进攻，太平洋战场形势发生转折。1943年9月，日本御前会议决定建立“绝对国防圈”，确定后撤在太平洋、印度洋方面的侵略防线，企图力挽败局。尽管如此，到1944年上半年，日军占领的马绍尔群岛、加罗林群岛、马里亚纳群岛、关岛等地区陆续失守，日军在南太平洋地区的防御体系被撕开了一个大缺口。在亚洲大陆，中国远征军于1943年底向缅北、滇西日军发起了反攻,日军在亚洲大陆地区的防御体系也被撕开了一个大缺口。

日军占领缅甸，使印度暴露于日军的直接威胁之下，而如果日军占领印度,就可直趋中东,控制印度洋,与德、意直接在战略行动上直接配合,进而增加盟军在北非和欧洲战场上的压力。缅甸失陷,使滇缅公路中断,加重了中国战场的困难,也冲击了美国利用中国战场牵制日军和在中国建立攻击日本本土作战基地的战略。因此,早在1942年7月,中、英、美之间就开始磋商反攻缅甸的计划。

但英军无意在近期反攻缅甸,而且对中国军队入缅作战仍存戒心,会谈毫无进展。直到1943年8月的魁北克会议，罗斯福终于说服了丘吉尔，决定在1943年冬在缅北发起攻势。蒋介石在开罗会议上曾建议盟军以陆、海军同时由南、北实施反攻。由于英国反对,最后决定中、美、英军由印度进攻缅北,先恢复中印国际交通线,作战主力为中国军队。由于英国始终不同意中国军队深入到缅甸中南部,对缅甸的反攻作战只能在缅北进行。预定计划是,中国驻印军由印度经胡冈河谷向孟关、密支那进攻;在云南的远征军由云南西渡怒江向腾冲、龙陵进攻,相互策应,歼灭缅北、滇西日军,会师滇缅边境,打通中印公路。

5. 缅北反攻:揭开盟军亚洲反攻的序幕

复仇胡冈河谷

缅北反攻担任主攻任务的是驻印的中国陆军新编第1军。新1军1943年1月建立,军长郑洞国,下辖孙立人的新编第38师和廖耀湘的新编第22师以及炮兵团、战车营、工兵团、汽车兵等直属部队;当年8月,新编第30师亦归新1军建

兰姆伽训练基地的美军教官正在向中国学员们讲解步兵武器的使用 →

制。新1军全部是美式装备，在蓝伽姆受到的训练也是美式的，并有针对性地进行了极为严格的丛林适应性训练，官兵体质、战术素养和战斗技能都有很大提高。新1军的当面之敌是田中新一中将指挥的日军第18师团，下辖第114、第55、第56联队，共有兵力3.2万人。该师团是日军的王牌部队，以凶顽闻名，参加过1932年一·二八淞沪之役、1937年的七七事变，还是制造南京大屠杀的元凶之一，是一支血债累累的部队。它在新加坡曾以3万多人迫使8万多英军缴械投降，开创了第二次世界大战期间美英盟军一次被虏人数的最高记录，后投入缅甸作战，有"丛林作战之王"的称谓。

中国驻印军与日军首战在胡冈河谷。

1943年10月20日上午，前哨战在新平洋以西无名高地打响。新平洋是印缅边境上缅甸一侧的山中小镇，位于胡冈河谷的北端隘口，处缅北要冲。新编第38师搜索连在行进途中在此与日军的一个大队遭遇。按以往经验，日军一个大队的战斗力相当于或超过中国军队的一个师。因此战斗一开始，日军根本不把区区一连的中国士兵放在眼里，立即向无名高地发起冲锋。搜索连全连兵员300余人，配备迫击炮12门，反坦克炮3门，轻重机枪25挺，士兵清一色"M4汤姆式"冲锋枪。战斗一打响，搜索连以强火力将持老式步枪的日军打得晕头转向。下午，另一连的中国士兵及时赶到，两路一齐夹击，日军丢下200多具尸体，仓皇而逃。10月24日，新编第38师第112团开始攻击前进，29日即占领新平洋。

日军第18师团发现中国军队入缅后，立即调整部署，以第114联队守密支那，以第55联队第56联队向前线增援，师团指挥部亦向前开进。而驻印军方面因史迪威的参谋长柏特诺研判日军兵力有误，使第38师第112团困在于帮、拉家苏。第112团只能靠砍芭蕉树藤取水和美国运输机的空中补给，和占优势兵力的日军对峙50日。12月24日，新38师向于邦发起全线进攻。12月28日，经过

↖部分远征军撤退到印度

←1943年10月中国驻印军渡江进入缅北作战

5天激战，新38师夺占了于邦的日军全部阵地。于邦作战是正式反攻缅北的第一次战斗，一举击败号称“精锐”的日军第18师团部队，对树立官兵胜利信心起到积极作用。

孟关是缅北的战略要点，位于胡冈河谷要冲，在这一地区，日军第18师团集结了7个步兵大队、2个炮兵大队、1个重炮兵大队和1个战防炮大队。1944年，反攻缅甸的作战以新平洋为基地，全面展开。新38、新22师为主力分左右两翼，向孟关大举进攻。

孙立人率领的左翼队向孟关以南作纵深迂回包抄，1个多月攻克日军30多处据点，向前推进了180公里。廖耀湘率领的右翼队由新平洋向南进发，正面进逼孟关，占领腰班卡。从印度调来的美军拉加哈德突击队也已到达前线。至此孟关地区的敌军已陷入中美联合部队的铁钳之内。

2月24日，中美联合部队向日军发动全面进攻，新22师和新38师主力迅速

面貌一新的远征军

↗ 史迪威（中）孙立人（左）李鸿（右）在于邦我军阵地研究攻击计划

→远征军新1军攻克瓦鲁班，胡康河谷战事胜利，东南亚盟军总司令蒙巴顿勋爵专程飞赴缅北战场向孙立人祝贺

向孟关逼近。3月1日，美军第5307混成团抵达瓦鲁班东北面地区，随即向日军发起攻击，并占领其侧后南北河渡口。日军发觉其后方被截断后，除留少数部队在孟关正面抵抗外，集中全力向瓦鲁班发起反击。3月5日，新22师攻克孟关。日军被包围在瓦鲁班周围的狭小地段。3月8日中午，新38师第113团、战车第1营和美军第5307混成团向瓦鲁班发起攻击。战至3月9日，日军第55、第56联队死伤过半。最后凭借工兵部队在丛林中临时开辟的两条秘密通道，侥幸逃出绝境。

孟关之战，击毙日军第18师团作战主任参谋官以下1000余人，还搜获第18师团关防大印一枚，足见日军败退时的慌乱情形，田中义一深感师团前途趋向暗淡。

攻克孟关意义重大，蒋介石给廖耀湘发来贺电，说：此克复孟关，吾弟声播中外，名振遐迩，足以聊申国军前番在缅失败之憾，而慰阵亡先烈在天之灵。

攻克孟关后，新22师乘胜追击，完全肃清了胡冈河谷内的日军，胜利结束了胡冈河谷的作战。日军第18师团遭受沉重打击，疲惫不堪，缺员严重，第一线中队包括中队长在内，一般不足30人，甚至只有十几个人，存员中又几乎都是半病员状态中，而补给正处于中断状态。日军难以理解，昔日那支溃退之师何来如此神力。战后日本的战史是这样记载的："在九州编成，转战中国，素有把握的第18师团，与中国军战斗最自信，岂料胡冈河谷的中国军队，无论是编制、装备，还是战术、技术，都完全改变了面貌"，"使我军损失惨重，全军不禁为之愕然"。

奇袭密支那

胡冈河谷之战后，日军为了挽回败局，日本缅甸方面军将第53师团和第2师团的一个联队调到缅北，增援第18师团作战。同时，在缅甸组建第33军。由本多政材中将任军长，统辖第18、第53、第56师团，第49师团第168联队，独立混成第24旅团。本多政材别无选择，把赌注押在地形险峻的孟拱河谷，他把第18师团和第53师团部署在这里，企图据险顽抗，等待缅甸雨季的到来。

孟拱河谷比胡冈河谷地势更为险要，它南北长达100公里，东西平均宽约10公里，河谷两旁大都是壁立千尺的山崖，陡峭难登，雨季时，平地即成泽国。谷内的加迈和孟拱两大重镇隔南高江对峙，攻守相望，互为犄角。

中国驻印军希望在雨季来到之前攻占孟拱、密支那。史迪威与中国将领们商讨后，做出了一项大胆的作战部署：新22师进击加迈，新38师进击孟拱，以新30师第88团、第50师第150团、重炮1连与美军2个营编为突击支队，绕道北侧的崇山峻岭，插向敌后的战略要点密支那。将日军在密支那、孟拱、加迈一线分割包围，予以歼灭。

1944年4月初，新22师和新38师向各自目标攻击前进。至6月16日，攻克加迈，日军第18师团再次败退，仅余1000余人，有不少中队仅剩10余人。6月25日，完全攻占孟拱，拔掉了日军在孟拱河谷的最后一个据点，打开了通往密支那和曼德勒的道路，宣告反攻缅北第一阶段作战基本结束，剩下的只有一个密支那在攻取之中。

密支那为缅北第一重镇，是缅甸铁路北部终点，有公路西通孟拱、南连八莫，是缅北重要的交通枢纽，并为中印公路之重要通道，东面通到甘拜迪的公路再向东延百里，便到中国腾冲。密支那地形险要，伊洛瓦底江经密支那城东折而向南，周围多山，标高都在500~1000米左右，城区西北是丛林。日军第18师团第114联队主力及第56师团一部在这里构筑坚固工事据守。日军在密支那构筑了严密的防御体系。在城外，日军利用坡地、树林修建了环形防御阵地。在城内，日军把几十条大街道和成百上千的建筑物，变成了大大小小的工事、火力点和堡垒。此外，还构筑了地下防御体系。日军第114联队大多是日本九州煤矿工人出身，十分善于修筑坑道式的地下工事，在密支那城地下，坑道纵横交错。

东南亚战区盟军最高指挥官蒙巴顿中将和英军许多高级将领都认为密支那难以攻取，反对进攻密支那。因而袭击密支那的战斗，史迪威对英军保密。

4月28日，中美联合突击支队以每天10公里的速度，闯过丛林峻岭，秘密向密支那进发。突击支队的第一步是实施代号“眼镜王蛇”的偷袭密支那机场的行动。5月14日，史迪威终于收到了中美联合突击队发出的信号，他们距密支那还有48小时的路程。5月17日，突击支队袭击密支那机场获得成功。按事先约定，攻击部队向史迪威发出了“威尼斯商人！威尼斯商人！”的密电。“眼镜王蛇”行动成功的消息一夜之间传遍世界。当丘吉尔得知中美军队突然占领密支那机场后，致电蒙巴

↗ 远征军与盟军共同作战

→缅甸战场中国驻印军的M4坦克在突击途中

顿质问:“他们是怎样漂亮地在密支那从天而降的,对此你有何解释?”蒙巴顿无言以对。

第二天,史迪威搭乘一架轻型运输机来到密支那机场,春风得意的史迪威在机场对记者们宣布:半个月内,我们将拿下密支那!

但在接下来的攻占密支那的战斗中,日军依托有利地形和坚固工事,拼死抵抗。为尽快攻克密支那,中国驻印军新30、第14和第50师全部投入战斗。

郑洞国把总攻的日期定在7月7日,对中国士兵来说,这是个很有号召力的日子。7月以后,孟拱、加迈之敌已被歼灭,密支那成为一座孤城。但是,日军指挥官水上源藏少将按照本多政材“死守密支那”的命令,依然负隅顽抗,作困兽之斗。

7月13日,中美联军再次发起猛烈攻势。在优势炮火和空军的配合下,攻击部队步步推进,经过三日激烈战斗,肃清了外围阵地,攻入市区,随即开始与日军逐个房屋、逐条街道地进行艰苦争夺。至8月3日,守军大部被歼。日军城防司令官水上源藏少将见大势已去,下令第114联队丸山大佐率残部800余人乘竹筏向八莫方向突围。结果被中国军队发现,丸山绝望中拉响了手榴弹,竹筏沉入江底。8月3日,中国军队全线发起总攻,日军全线崩溃,水上源藏切腹自杀。

历时3个多月的密支那作战共歼灭日军官兵4000余人(其中击毙2300多人),此役结束标志着中国驻印军反攻缅北第一期作战任务胜利完成。

攻克密支那城的这一天,史迪威接到美国总统罗斯福签发的命令,他被晋升四星上将。

胡冈河谷、孟拱河谷、密支那战斗,中国驻印军歼灭日军第18师团全部,第53师团和第56师团各一部,共击毙日军两万多人,痛雪两年前兵败缅甸的耻辱。廖耀湘在胜利后,立即至电蒋介石,心情极为兴奋:“此次敌重武器及军用车辆遗失之巨,人员死伤疾病转于沟壑者之众,狼狈溃散惨状,有甚于两年前国军野人山之转进。追昔睹今,因此痛雪前耻,官兵大奋。”

→在崇山峻岭中蜿蜒曲折的滇西公路:“九弯十八拐”

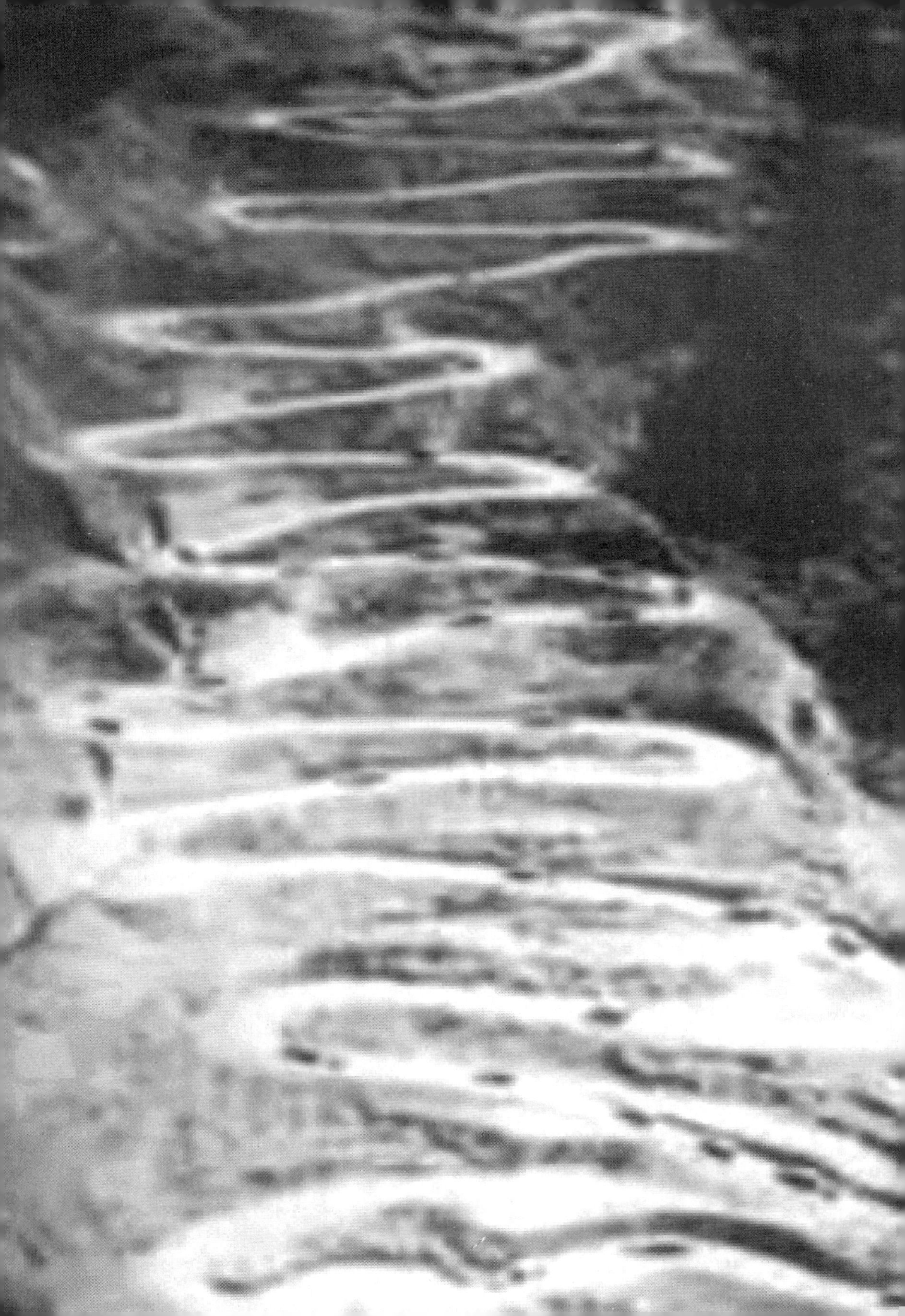

6. 滇西反攻:连战皆捷

就在中国驻印军横扫缅北时,1944年5月11日,滇西远征军强渡怒江,开始向占据滇西的日军展开反攻。渡江胜利时,中国驻印军已占领密支那机场,中国军事委员会决定继续作战,扩大战果,要求滇西远征军攻击腾冲、龙陵、芒市,提前打通中印交通线。据此,滇西远征军总司令卫立煌做出部署:第20集团军为右集团,攻击腾冲;第11集团军为左集团,攻击龙陵、芒市。

第11集团军的进攻受阻于松山。

松山是龙陵县境内第一高峰,距怒江惠通桥约6公里,扼滇缅公路要冲,有滇缅路上"直布罗陀"之称。松山南北山麓,山腹棋布丘陵,滇缅路785公里至801公里处依丘傍陵,环绕松山,径宽不满35米的狭长起伏的滚龙坡西入龙陵。由于松山易守难攻,与龙陵、腾冲成掎角之势,为敌我双方必争之地。日军以松山、滚龙坡为其东西两大坚强支据点,互为犄角,建立起6个前进阵地(上松林、小股、测方、崖、平山、干路)和7个主阵地(松山、横股、西山、音部山、关山、黑山、卫生队),防御体系相当严密。当时松山日军约2500余人,粮食、弹药的储备在两年以上。日本缅甸方面军总司令河边正三称:松山工事,足以经得起中国军队任何武器的敲打,中国军队不伤亡20万休想拿下松山。

第71军的新28师在被阻于松山后,连续组织了5次进攻,均因敌工事坚固、火力猛烈而退回。战至7月2日,该师调去攻打龙陵,由第11集团军直属部队第8军接替。

7月5日起,第8军开始猛攻松山,但都无功而返。从6月4日第71军攻松山起,松山之战已经打到了第三个月。一天,第82师副师长王景渊想出个绝招,即"坑道颠覆法"。挖坑道,深入松山主峰底下埋炸药,把松山整个掀掉。8月4日,士兵们开始挖坑道,8天后坑道挖好。坑道里共装满了两卡车美国TNT炸药。8月20日上午,在我军发起了又一轮攻击后,日军主力被吸引到松山主峰。此时我军迅速撤退,军长何绍周一声令下,炸药引爆。刹那间,松山主峰出现

1944年8月20日上午9时远征军以120箱
TNT炸药引爆日军固守的松山主峰巨堡

了两个深20米直径约50米的大坑。主堡内的日军全部葬身在大坑之中。日本天皇颁布诏书,说:松山之巅3000皇军将士全员玉碎,举国哀悼。

9月7日,我方完全占领松山,进攻龙陵的第11集团军主力的后方联络由此畅通无阻。

第20集团军进攻的主要目标是腾冲。

腾冲位于怒江以西的高黎贡山西侧,是滇西边陲重地,又是滇西交通、商业和政治、军事中心。腾冲城区为狭长而曲折的盆地,四周均为高山,有来凤、飞凤、蜚凤、宝凤四山为自然屏障。腾冲县城的城墙,为明代用石条建筑而成,高大坚固,号称"铁城"。日军在此经营两年,堡垒林立,坑道相通,使城防更加坚固。日军第148联队自高黎贡山败退入城后,决心死守腾冲。

6月28日,第54军攻占宝凤山;第53军不甘落后,7月3日拿下飞凤

历经大规模战争摧残，往日繁华的腾冲街市满目疮痍，一片焦土

山，同日第54军又拿下蜚凤山。7月26日，在空军的掩护下，两军合为一处，完全占领来凤山。腾冲城完全成为一座孤城。8月4日，我军开始攻城，20日突入城内200米。但日军仍凭借所占民房、公署、学校、商店、庙宇作防守工事，展开巷战，逐屋争夺，战斗一直延续到9月。

9月9日，传来蒋介石的命令：腾冲城必须在9月18日国耻纪念日前夺回。9月13日，第20集团军集中全力，再次发起攻击，终于在9月14日上午10时光复腾冲城。腾冲日本守军2600人，除50人被俘外，其余全部被击毙，少数自杀，缴获各种大炮15门、机枪50挺、步枪800余枝、汽车14辆。但第20集团军付出了伤亡官兵1万余人的巨大代价。《大公报》记者在我军入城后一小时进城，发现“腾冲城不仅找不到几片好瓦，连青的树叶也一片无存”。到处都可以看到，每一寸土地，“都是浴血搏斗得来的”。腾冲光复后，在腾冲城西南约1公里的小山冈上修建“国殇墓园”，内埋4800余位阵亡将士的忠骸。墓园内外右侧筑有一冢，并有石刻一块，题名“倭冢”，作为侵略者失败的象征。

滇缅公路上的龙陵，是通往八莫、腊戍的咽喉。滇西远征军先后投入7个师与日军两个师团在此展开了艰苦的拉锯战。9月14日腾冲光复后，远征军士气大振，再次向龙陵发起进攻。激战至16日，日军主力开始退向芒市，固守龙陵的只有第146联队。10月29日，第11集团军全线进攻，激战5日，终于在11月3日晨完全攻克龙陵。

滇西远征军取得松山、腾冲、龙陵作战的胜利

为了纪念在腾冲战役中牺牲的远征军将士和爱国群众，1946年7月7日，腾冲人民在李根源先生的倡导下，在城郊小团坡一带为他们修建了规模宏大的安息地——国殇墓园

后，连克芒市、遮放，而在缅北的中国驻印军正从密支那、孟拱向八莫迅速推进，两支远征军在战略上已形成了夹击日军的有利态势。

攻克密支那后，驻印军改编为新1、新6军，由密支那和加迈分两路向八莫推进。1944年12月15日，完全占领八莫，日军残部突围逃往南坎。1945年1月15日中国驻印军攻克南坎。

1944年12月19、21日，蒋介石两次致电卫立煌，要求他利用当前有利态势，速攻畹町，以期与驻印军早日会师。至1945年1月19日，滇西远征军已攻占畹町老街、新街及周围据点，日军向西南方向溃退。

滇西远征军趁势向畹町以南芒友以北的南托、龙卡方向追击，切断了滇缅公路，阻击日军向南帕卡方向退却。此时，中国驻印军和滇西远征军约20万兵力，一路沿中印公路，从缅北往回打；一路沿滇缅公路，自滇西出国境向东挺进。两路大军相向推进，互为呼应，炮声相闻。

滇西抗日战争纪念碑

1945年1月21日，驻印军新38师与滇西远征军第116师取得联系。23日，新38师已连克芒友外围据点，迫近城郊；第116师也已推进芒友东南地区。24日，新38师主力开始攻城，激战

两昼夜，于27日攻克芒友，并与滇西远征军会师。中印公路至此完全打通。此后，中国军队乘胜攻克新维、腊戍等地，彻底取得了缅北、滇西反攻战的胜利。

缅北、滇西反攻作战自1943年10月开始至1945年3月，历时1年5个月，解放了缅北大小城镇50余座，收复云南西部失地83000平方公里，基本上歼灭了日军第33军的第18、第56两师团，重创第2、第53、第49师团，共计击毙日军48000余人。但中国军队也付出了巨大代价，在松山、腾冲、龙陵的作战中，伤亡竟达日军5倍之多，中国总预备军中，训练及装备良好者，几乎完全消耗于缅北、滇西战场。

7. 芒友会师

1945年1月28日，中国远征军驻印度部队与中国远征军驻滇西部队的会师典礼在缅北芒友隆重举行。

这一天，天气格外地好，阳光灿烂，晴空万里。在开满鲜花的草地上，肃立着两个钢铁方阵。左侧是身着米黄色英式茄克制服的新1军，代表中国远征军驻印度部队（X部队）所有将士；右侧是身着深灰色中式制服的第53军，代表中国远征军驻滇西部队（Y部队）的所有将士。典礼台两侧各有一条醒目标语："祝贺Y部队进军滇西马到成功"，"欢迎X部队反攻缅北凯旋回国"。

在雄壮的军乐声中，郑洞国、卫立煌登上典礼台，热烈握手，紧紧拥抱，台下万众欢腾，群情激昂。

人们没有理由不欢呼。因为缅北、滇西反攻战，是抗战以来正面战场惟一

蒋介石夫妇与史迪威的合影

杜聿明

滇西远征军司令卫立煌

中国远征军第11集团军司令宋希濂

的一次获得彻底胜利的大规模进攻作战，也是自甲午战争以来第一次援助盟国进入异邦国土作战并获得胜利的一次大规模进攻作战。

缅北、滇西反攻作战的胜利，不仅打通了中国与盟国间的陆上交通线，支援了国内正面战场，而且揭开了亚洲战场盟军向日军反攻的序幕，正如当时美国《纽约时报》的评论所指出的："入缅之战，开创了大陆反攻的新阶段。"

缅北、滇西反攻作战的胜利，鼓舞了中国人民的抗战斗志，而且扬民族之威，使世界人民看到了中华民族不屈的斗争意志，向全世界表明，中华民族是任何侵略力量都不能征服的。

1945年1月，中国远征军及美英盟军收复缅甸，胜利会师

↑芒友会师（一）

芒友会师（二）

十一

飞将军掀天揭地鬼神惊：

抗战中的防空战

日本人没有想到，就是让他们推崇备至的“四大天王”，在一年多一点的时间内，竟全部被年轻的中国空军击落。

1. 战前中国和日本的空军

1909年意大利军事理论家G·杜黑在一篇文章中提出："天空即将成为战场。"杜黑在1921年出版的《制空权》一书中，详细阐述了他的"制空权"理论。他断言："能够夺取制空权并利用它来击破敌人物质上和精神上的抵抗的空军，可以不依赖地面上所发生的一切而保证取得胜利。"杜黑主张建立与陆、海军并列的独立的空军。空军制胜论的出现，给第一次世界大战后世界军事学术界以强大的冲击。在海军系统内人们对飞机和航空兵的大规模广泛使用展开了讨论，其争论的焦点是，飞机与战列舰究竟谁的威力更大？

日本既没有马汉那样的海权思想家，也没有杜黑这样的空军制胜论者，但是，日本人对马汉和杜黑的思想都有相当的理解。正当欧美军事界对航空能力争执不下的时候，日本在1923年制造成世界上第一艘正式的航空母舰"凤翔"号。该舰长160米，排水量7000多吨，航速25节，能装载21架飞机。

1919年，35岁的日本海军军官山本五十六被派到哈佛大学读书。山本五十六在深入考察美国的石油工业和航空界发展动向的基础上，形成了自己的"在未来的海上作战中将主要依靠飞机"的作战思想。从此，山本五十六这位有名的舰炮专家开始把目光从海面逐渐转向了空中。正是山本五十六的"航空制胜"思想大大推动了日本海军航空兵及空军的迅速发展，并对后来的太平洋战争产生了巨大的影响。

日本空中力量分别隶属于陆军和海军，前者由陆军航空本部管辖，后者

N-15型飞机

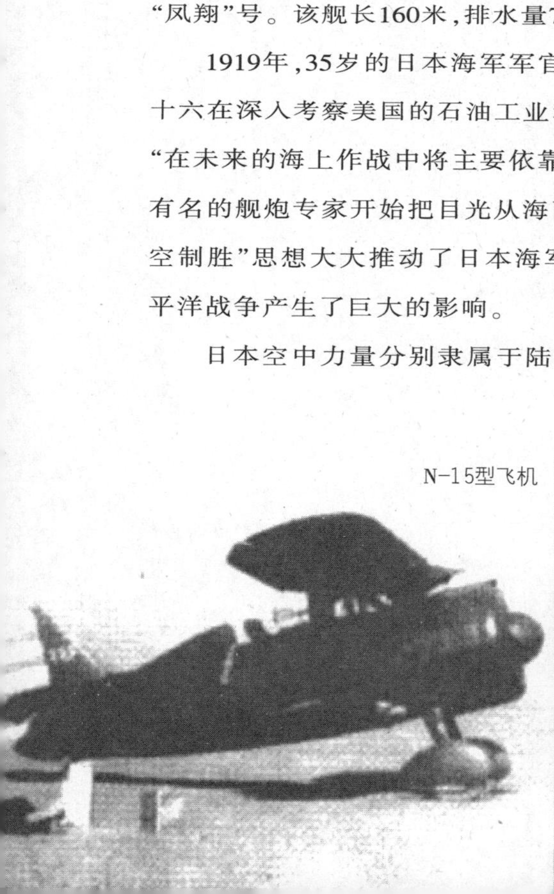

N-16型飞机

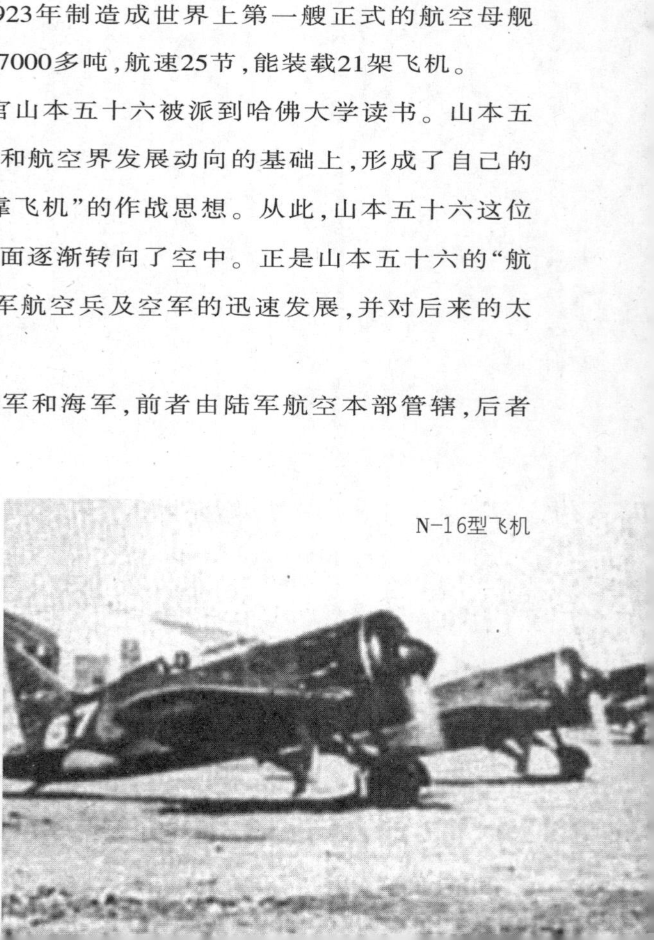

霍克型飞机

由海军航空本部管辖。日本的陆军航空兵分别驻守在日本本土、中国台湾、朝鲜及中国东北境内。到1937年，有航空兵团1个，下辖飞行团5个，飞行联队16个，96个中队，其中驱逐机中队36个，侦察机中队24个，轻轰炸机中队20个，重轰炸机中队16个。拥有作战飞机1156架，其中驱逐机432架，侦察机216架，轻轰炸机180架，重轰炸机128架，预备机200架。日本海军航空兵力，分为海上部队和陆上部队两种，到1937年，共有舰载飞机278架，陆上飞机567架，各型预备机200架，共计1045架飞机。到抗日战争爆发前，日本已有军事飞行员9820人，民间飞行员3000多人。

“空军制胜论”在世界上盛行一时时，中国的新旧军阀正在混战，陆军仍是投入最多的兵种，空军的发展非常缓慢。1928年，国民党政府开始设立航空署，下辖4个航空队，共24架飞机，1931年在杭州笕桥创办中央航空学校，之后逐步收编各省军阀的航空部队，建立了统一的空军。抗战爆发前，中国空军共设9个大队，即3个轰炸机大队、3个战斗机大队、2个侦察机大队、1个攻击机大队，共辖26个中队；此外还有5个直属中队。抗战开始时，中国能够作战的飞机只有300架左右，能作战的飞行员只有700人。此时，日本军用飞机90%由自己生产，而中国仍无一家航空工厂可进行批量生产。全面抗战爆发后，中国设立了空军前敌指挥部，周至柔任总指挥，毛邦初任副总指挥；1937年8月，又增设第一军区司令部，沈德燮任司令，石邦藩任参谋长。

在战争初期的华北作战中，中国空军并未出动，日军决定在华东地区与

雷克-II型飞机

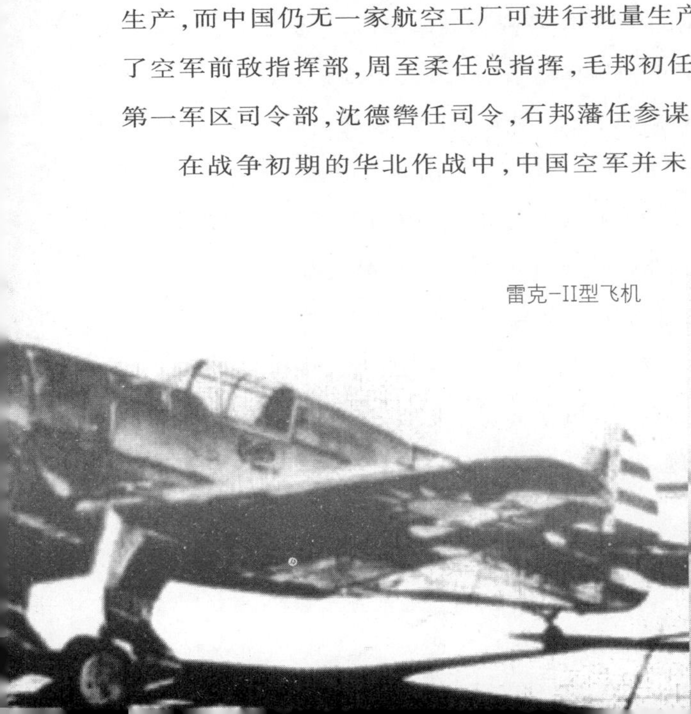

马丁机

中国空军决战。在这一区域，日军投入作战的航空兵力主要是海军航空兵。日本海军第3舰队在其作战计划中提出，航空作战的目的在于“开战第一天集中全部航空兵力，以急袭敌空军，取得先发制人的胜利”，以歼灭我空军，夺取战场上的制空权作为第一任务。中国空军实力远不如日军，但在1937年初国民政府军事委员会参谋本部制定的《国防作战计划》中，却对空军提出了很高的要求，要求空军除主力在华北和华东两个战场作战外，还要远征日本本土以及日本所占东北、台湾等地区。另一方面，中国空军强调轰炸机的作用，试图在战争初期打击日本海军，阻止其在中国沿海登陆，而要求“尽量避免与日空军决战”。这是一种战略错误，因为在没有制空权的条件下，要想发挥空军的作用，彻底打击敌陆海军是不可能的。

2. 八一四首战传捷

1937年8月13日下午两点，国民政府航空委员会下达空军作战命令第一号令，将空军主力紧急调往华东，要求各部队于14日黄昏前，秘密到达准备出击的位置，完成一切攻击准备。

8月14日，上海地区正值台风过境，华东沿海一带阴云密布，风速达每秒22米，并降大暴雨。这天凌晨起，中国空军各部队奉命出击，执行轰炸任务。第5大队第24中队中队长刘粹刚首先率领9架“霍克-3”式驱逐机，在川沙县白龙港附近，击中一艘日舰尾部。8时，第2大队副大队长孙桐岗率领21架“诺斯罗普”式轰炸机，轰炸了吴淞口的日舰及公大纱厂、汇山码头等地的日军据点。9时许，第5大队丁纪徐大队长率领8架驱逐机出击，在南通附近击中日驱逐舰1艘。14时许，刘粹刚再次带领3架驱逐机飞往上海攻击日军据点。14时40分，第2大队的21架轰炸机经补充弹药后，分两批轰炸了公大纱厂、汇山码头及四川北路的日军上海特别陆战队司令部，多次击中目标。这一天，中国空军共出动飞机76架次，分9批集中轰炸上海敌军司令部、弹药库、登陆码头等重要军事目标以及停泊在黄浦江上的敌舰。

当天下午，敌军决定实施报复。日本海军第一联合航空队司令官户冢道太郎根据台湾海峡、温州地区天气状况将转好的气象报告，命令日机偷袭在杭州笕桥的中央航空学校和安徽广德机场。14 时 50 分，日军飞机从台北出发，18 时 10 分，杭州发出空袭警报。此时，第 4 大队机群已由河南周家口飞抵杭州。

受台风影响，杭州笕桥上空云高仅 300~500 米，空中能见度很低。18 时 30 分，日军飞机发现了笕桥机场，在 500 米高空开始投弹，但命中率不高，仅炸中一些机场设施和加油车。我第 4 大队接到警报后紧急升空搜索，升入

南京市区被日机“无差别级”轰炸后的惨景

↖1937年8月14日，我空军与敌机在空中大战

↑1937年8月14日上午，我空军轰炸敌所占汇山码头,中弹后烈焰腾空

←向日军射击的空军机枪手

↓1937年8月14日,中国空军对在上海的日军据点进行轰炸,图为轰炸后的情景

4000 米高空后没有发现敌机，判断敌机已经降到云层以下。于是穿云下降，出云后立刻发现敌机正在杭州湾上空疏散队形。日机这样做是为了便于各自搜索轰炸目标，但也等于自行解除了轰炸机群强大的空中交叉掩护火力，显露出日军无视中国空军的狂傲心态，给第 4 大队对其各个击破提供了良机。

第 4 大队大队长高志航穿云下降时，发现 1 架身涂迷彩的日军轰炸机。日机也发现了高志航，枪口已经从炮塔中伸了出来。在第 21 中队中队长谭文协同下，高志航占好有利位置，沉着操纵飞机，加快速度，紧紧咬住敌机。他先从日机的后炮塔开刀，扫除了日机尾炮威胁后，高志航毫无顾虑地向前逼近，突然日机前面出现一块浓云，日机企图钻云逃命。高志航当机立断，手指迅速按下了机枪的按钮，击中日机右翼上的主油箱。一时间，火光四射，日机像个火球，坠落了下去，落在海宁钱塘江畔。

高志航首开纪录，这也是中国飞行员在空战中击落的第 1 架日机。

高志航，原名高志恒，吉林通化人，1925 年被张学良被派往法国学习飞行，出国前改名“高志航”，以做“空中英雄”激励自己。九一八事变后，高志航和一群爱国军人积极请战，要求起飞杀敌，然而，他得到的却是“不准抵抗”的命令。第二天高志航登上火车去北平请战，得到的还是同样的命令，在这种情况下，高志航当天就乘车南下。后来，他来到杭州中央航空学校。由于训练刻苦，要求严格，飞行技术高超，高志航很快晋升为第 4 大队大队长，领导 3 个驱逐机中队。高志航一直有个信念：一定要击落日机，否则就不是忠实的战斗员，如果怕敌人，那就不是中国人。他做到了，笕桥上空一番龙争虎斗，使他英名远扬。

在高志航击落首架敌机不久，第 23 中队队员梁添成不甘示弱，击落第二架敌机。第 4 大队第 22 中队在广德上空与来袭的浅野机群相遇，中队长郑少愚追敌至钱塘江上空，又击落 1 架敌机。

日军做梦也想不到前线竟会有中国战机，更想不到他们来得如此迅捷，如此凶猛，一下子慌了神，纷纷逃散。八一四空战不到 30 分钟就结束了。

立志当空军：八一四空战大捷，掀起了一个空军热

综合中日双方的资料，八一四空战，中国空军首战击落敌机3架、重伤敌机1架、轻伤敌机4架。在杭州被攻击者为：指挥小队的第3号机(正驾驶员姚崎三空曹、副驾驶员思地三空曹)和第3小队第3号机(正驾驶员三井一空曹、副驾驶员森田三空曹)均被击落；第3小队第2号机(正驾驶员山下一空曹、副驾驶员川崎三空曹、轰炸侦察员大串三空曹)受高志航座机猛烈攻击，右主冀中弹21发，左主翼中弹14发，其他各部中弹38发，共计73发，重伤后勉强飞回台湾，降落松山机场时触地损毁，不能修理。在广德被攻击者为第2小队第2号机(正驾驶员小川一空曹、副驾驶员才田三空曹)，燃料箱中弹冒烟，后来摇摇摆摆勉强低空飞行，未及回到松山机场，就在基隆港外的案岛灯附近坠海，人员获救。另外敌机有4架中弹受轻伤。在这次空战中，中国空军有两架飞机起飞时损坏，即刘树藩的2105号机和金安一的2106号机。刘树藩负重伤因失血过多而殉职，金安一仅负轻伤。还有4架飞机在与日方格斗过程中受微伤。

第4大队落地后，参战人员报告作战情况，各队队长交互核对统计击落敌机架数，复查坠机地点，确认空战战绩是击落敌机6架，2架敌机重伤败逃，我方无损失。转报大队长结合战场汇报情况，当时认为本次战果是6:0。

蒋介石在得知6:0的战果后，异常高兴。夜深人静时，蒋介石坐在灯下，日记上写道："倭寇空军技术之劣……于此可以寒其胆矣。"

八一四首战告捷，打破了"日本空军不可战胜"的神话，中国空军备受鼓舞。

8月15日，在南京、上海、杭州等地，中日空军再次展开了大规模空战。中国空军全面出击，抗住了日机60余架的袭击，击落敌机17架。8月16日，中国空军第3、第4、第5驱逐机大队再接再厉，击落敌机8架。

6:0的战果很快传遍了全国，万民欢腾。人们把它作为中国空军一个新时代的开始。1939年9月，读者向《航空杂志》投书建议将每年8月14日定为"八一四"空战纪念日，并作为空军节庆祝。国民政府采纳了这一提议，规定以后每年8月14日为空军节，纪念在抗战中牺牲的空军将士，并编了一首歌曲：

八一四，西湖滨，
志航队，飞将军。
怒目裂，血沸腾，
振臂高呼鼓翼升，
群英奋起如流星，
掀天揭地鬼神惊！
我何壮兮一当十，
彼何怯兮六比O，
一战传捷举世蜚声。
……
发扬民族的力量，
珍重历史的光荣。
……

3. 武汉空战

南京失陷后,武汉成为日本空军攻击的主要目标。

1938 年 2 月 18 日,日军开始了对武汉的大规模空中袭击。中午 12 时许,日军的 26 架战斗机和 12 架轰炸机,在安徽和江西的交界处会合后,直扑武汉。

中国空军第 4 大队所属的第 21、22 和 23 三个中队, 立即升空迎战日机。双方几十架飞机在武汉上空,从高度 5000 米到几百米,上下翻飞,相互追逐缠斗。第 21 中队的柳哲生在战友协同下首开纪录。第 22 中队的 И–15 机群被 12 架日军飞机紧紧咬住,敌机不仅在数量上占优势,而且在战术位置上也居

日本飞机轰炸武汉后，一名妇女守在已经成为废墟的家门前

1938年2月18日在武汉空战中击落12架日军飞机的中国空军官兵

主动地位。在这种情形下，大队长李桂丹沉着冷静，指挥第22中队与敌机周旋，以优势火力与敌机展开空中格斗，很快形成了单机混战的态势。中队长刘志汉首先击落一架日机。第23中队的8架И-15驱逐机编队在索敌时，发现第22中队处不利态势，当即协同第22中队作战，击落2架日机。

以前敌机来时，武汉人民都躲到地下室，而在二一八空战时，人们都爬到屋顶观战，为空军勇士喝彩助威。

武汉二一八空战历时12分钟，第4大队击落日机正好是12架，但也付出了血的代价。大队长李桂丹在掩护战友作战时，被一架日机击中，中队长吕基淳，飞行员巴清正、王怡、李鹏翔4人也血洒长空，壮烈殉国。

12分钟击落12架敌机的喜讯迅速传遍武汉三镇，百万军民欢呼雀跃。2月21日，武汉各界2万余民众举行空前大游行和集会，庆祝空捷，追悼国殇，哀祭忠勇“飞将军”。

日军在二一八空战中吃了大亏，有两个多月不敢大胆侵入武汉领空，只是偶然在夜间向武汉偷袭。4月29日是日本天皇的生日，即日本的“天长节”。日军准备在这天一举消灭驻武汉的中国空军主力，为天皇祝寿。4月20日左右，我驻孝感的一架飞机在试飞时，击落一架日军侦察机，在这架敌机飞行员的

二一八空战，武汉市民在观战

日记本上我们发现这一重要情报。武汉空军得知这一计划后，立即更改作战计划，将中苏两个大队的战斗机都调到武汉集中，准备迎战。

日军调来海军“左世保”第2航空队完成轰炸武汉的任务。4月29日下午2时30分，日军由战斗机和轰炸机编成的混合机群，大概有70架左右，进犯武汉。中国空军和苏联志愿航空队70多架飞机升空击敌。

空军第4大队再次参战。在武昌上空，第4大队与敌机比例为1:4。但空中勇士不畏强敌，奋勇突入敌机群同敌人展开了厮杀。开战仅仅5分钟，少尉飞行员陈怀民抓住战机，首先告捷，一举击落一架敌机。5架日机很快扑了上来，猛烈地向陈怀民射击。陈怀民与敌机展开生死搏斗，不时抓住战机，发起攻击。不幸战机多处中弹，已难以操纵。在这千钧一发之际，他本可跳伞求生，但他却放弃了求生的机会，开足马力，向附近的一架敌机机背高速撞去，以身作弹、与敌同归于尽。

在陈怀民英雄壮举的鼓舞下，中苏空军勇士们越战越勇，经30分钟激战，一举击落日机21架，其中战斗机11架，轰炸机10架，取得抗战以来最辉煌的胜利。武汉的天空成了日本空军巨大的火葬场，日军歼灭武汉空军为天皇祝寿的愿望破灭了。

武汉再一次沸腾了，沉浸在一片祝捷的热浪之中。政府部门、社会团体，还有普通百姓，蜂拥着奔向王家墩机场，热情慰问凯旋的飞将军。武汉花店里几乎一大半的鲜花，都被送到了这里，慰劳品堆积如山。

欢庆的人们没有忘记打听陈怀民，大部分观战的人都看到了他勇撞敌机那惊心动魄的一幕，人们还在盼望他归来。

苏联空军志愿队的飞行员们

陈怀民，江苏镇江人，1932年一·二八事变后投笔从戎，参加蔡廷锴领导的第19路军的学生义勇军，1933年进入杭州中央航空学校。1936年毕业后编入中国空军第4大队任少尉飞行员，先后参加保卫华北和保卫上海、南京的战斗，击落击伤敌机5架，曾3次受伤。空军当局曾考虑调他到航空学校去当教官，但他稍一康复又驾战机重返蓝天。他曾对亲人们说过："打仗就不能怕死，我上了天就没有想到要回来。"4月30日，冯玉祥赋诗纪念四二九空战，缅怀英烈，其中写道："舍身成仁同归尽，壮烈牺牲鬼神泣"。6月3日，人们在青山附近的长江边发现烈士的忠骸，当晚即盛装入殓。

5月31日上午，日军飞机再次袭击武汉。中国空军第3、第4大队和苏联志愿航空队"正义之剑"大队相互配合，构成立体纵深的空战态势。日机窜入武汉上空后，见中苏空军已排好迎战队形，急忙掉头回窜。中苏空军勇士趁机反击，再次击落敌机10余架。

6月5日，武汉各界人士在汉口总商会礼堂隆重公祭陈怀民等4烈士。蒋介石亲临致祭，参加祭奠者约2万人。肃穆的祭堂，花圈如海，挽联如云，其中两幅格外引人注目。周恩来等人送来的挽联是："为五千年祖国英勇牺牲，功名不朽；有四百兆同胞艰辛奋斗，胜利可期"，充分表达了中国共产党人对为民族献身的空军烈士的崇敬和悼念之情；蒋介石夫妇送来的挽联是："武汉居天下之中，歼敌太空，百万军民仰成绩；滂沱挥同胞之泪，丧我良士，九霄风雨招英魂"。6日上午出殡，沿途群众争睹烈士遗容，交通为之堵塞，气氛悲壮，备极哀荣。陈怀民等忠骸合葬于武昌青山矶头。武汉商界名流陈经为表彰烈士之忠勇，特请暨南大学卢前教授撰写烈士殉国纪念碑文，立碑墓前，以备万世景仰。抗日战争胜利后，汉口旧日租界内的小路改名为陈怀民路，以纪念先烈。

在清理被陈怀民撞落的日机残骸时，发现了该机驾驶员高桥宪一的妻子美惠子的照片及美惠子写给丈夫的信，信中充满了凄凉、孤独和对丈夫的缱绻之情。陈怀民的妹妹陈难读完该信后，写了《一封致美惠子女士的信》，谴责日本军国主义。高桥宪一的妻子，也在日本发表文章，悼念亡夫。当时的香港《读者文摘》将她们的文章同时刊载于一期上，并介绍她们通信，建立联系。这件事轰动了全世界，形成了强大的反法西斯侵略的舆论。

4. 重庆空战

国民政府迁都重庆不久，1938年12月2日，日本大本营便下令对重庆进行战略轰炸，第345号大陆令要求：攻击敌战略及政略中枢时，须集中兵力，投入优良飞机，特别是要捕捉、消灭敌最高统帅和最高政治机关。日军试图轰炸重庆，达到这一目的：只要抗日政权继续存在，首都选在何处，麻烦便会殃及该

中国飞行员准备轰炸日军后方

正在朝重庆市区投弹的日本海军轰炸机

轰炸中的重庆

地，进而动摇中国军民的抗战决心。为实施对重庆的轰炸，日本华中派遣军航空兵团司令江桥英次郎中将下令第1飞行团长寺仓正三少将于5~7周内完成远距离航空作战和轰炸的训练任务，并随即开始对重庆进行拍照侦察。

1938年12月26日日军开始对重庆进行轰炸。首次轰炸因天气因素，日机命中率不高。

1939年日机共出动865架次，分34次轰炸重庆，投弹1897枚，炸毁房屋4757幢，炸死市民5247人，炸伤4196人。

1940年日军实施对重庆等地轰炸的“101号作战”，日陆军出动飞机21批、904架次，海军出动飞机54批、3651架次，共投弹27107枚，重2957吨；其中对重庆市区内的空袭出动飞机2023架次，投弹10021枚，计1405吨。“101号作战”历时110天，是日军对我进行的最大规模空中作战。

1941年，日本大本营决定集中在华航空兵力大部，对中国内陆做最后一次毁灭性打击，实施“102号作战”。这一年，日本共空袭重庆81次，出动飞机3495架次，投弹8893枚，炸死2448人，炸伤4448人，炸毁房屋5793幢。由于与美英关系急剧恶化，日本决定发动太平洋战争，将第11航空队主力撤回国内备战。从1941年9月2日后，留华日本海军飞机仅余10多架，以后虽有所增加，但已无力组织大的进攻作战了，主要作战任务从此交给陆军航空兵。

八一四空战以来，中国空战在长期的与日军较量中，消耗很大，加上1940年3月份开始，苏联志愿队就逐步撤离中国，到6月，仅剩1个战斗机大队留驻，因此，重庆空战时，防空力量已大为减弱。重庆空战中歼灭敌机的战绩，比起1937年南京空战、1938年武汉空战和1939年的兰州空战，均相差甚远。但即使是防空力量已大为减弱的情况下，中国空军飞行员仍不畏强敌，视死如归，保卫重庆。日军不得不承认：“重庆上空不好对付”、“靠轰炸来粉碎重庆政权的抗战意志并非易事”，其轰炸重庆的战略目标落空了。

重庆空战中，中国空军以弱旅对付强敌，涌现了一大批英雄。

1939年6月11日，日军第6次轰炸重庆，我4大队起飞15架战斗机拦截，在激战中，第23中队队长梁添成座机被击中，坠落于涪陵附近。至此，中国空军在抗战初期荣立过赫赫战功的高志航、刘粹刚、乐以琴、梁添成等四位优秀飞行员已全部为国捐躯。

1940年7月16日，第4大队第21中队少尉飞行员丁寿康给泰国的叔父写了一封家信，说到“天气是这么热，我们生活得紧张辛苦，是自入队后所仅有”。信还未来得及寄出，丁寿康接到命令升空作战，不幸座机被击中，他的腿部中弹，被迫弃机跳伞，后因失血过多而献出了宝贵生命。战友洪奇伟发现了这封家书，代亡友寄往泰国。丁寿康的叔父接到遗书哀痛不已，为纪念侄儿又将原信翻拍一张寄回国内。

1940年6月20日，中国共产党的《新华日报》发表《向空军致敬》一文，对中国空军的英勇抗战给予了高度评价：在这半个多月的敌机狂炸中，重庆的市民，经常在烈焰硝烟中过生活，敌人的烧夷弹虽然摧毁了部分同胞的房屋，化成了灰烬，但是烈焰燃烧不了广大市民对日寇愤怒的心。今天全重庆的市民无论男女老少，大家没有一点沮丧，反而增加了兴奋的情绪和紧张的工作精神，这是由于什么？我们不得不感谢空中的英雄，他们的视死如归，奋勇杀敌的精神。因此，我们要特别代表重庆的市民，全国抗战的民众对英勇作战的空军将士致热烈的敬礼！

5. 日军“四大天王”、“轰炸大王”铩羽中国天空

日本航空队每年都要对战斗机飞行员进行驾驶、编队、格斗、射击、轰炸等技术竞赛，评选出最优秀的4名飞行员，作为全体飞行人员的样板。1937年

评选出被认为最优秀的战斗机飞行员为海军航空队的南乡茂章大尉、潮田良平大尉、山下七郎大尉和陆军航空队的三轮宽少佐。他们个个技术精湛，作战凶猛、残忍，且都身经百战，因此，被日本人誉为“四大天王”。

日本人没有想到，就是让他们推崇备至的“四大天王”，在一年多一点的时间内，竟全部被年轻的中国空军击落。

最先丧命的是三轮宽。三轮宽1918年5月毕业于日本陆军士官学校第29期，1920年10月毕业于日本陆军航空学校第10期，是日军中名副其实的老牌飞行员，被日本空军誉为“驱逐机之王”。

1937年9月14日，中国空军奉命组成陈栖霞任司令的北方支队，进驻山西省北部机场，以配合地面部队作战。几天之内连续击落日本关东军集成飞行团的重轰炸机大队长秀岛正夫少佐、侦察机中队长平长一大尉等人，击毙日飞行员14人。

9月21日时值中秋节，日本关东军集成飞行团的战斗机大队长三轮宽率领川琦95式战斗机15架，掩护9架93式轰炸机，从大同阳高机场起飞轰炸太原。14时30分敌机编队遭到北方支队第28中队长陈其光率领的4架霍克-II飞机拦截。在敌众我寡的情况下，中国空军飞行员勇敢沉着，机智果敢地与日机周旋。陈其光紧紧咬住一架敌机，果断开火。这架95战斗机中弹后坠落在太原郊区大盂的一块麦田里。飞行员头部受重伤毙命，身上有一把佩刀，衣内有“三轮宽”印章一枚。事后查明，此人就是日本陆军航空队的“驱逐机之王”、“四大天王”之一的三轮宽少佐。

南京空战是淞沪会战的重要组成部分。由于南京是中国首都，日军从全面侵华战争开始时便大举空中侵袭南京，妄图摧毁中国军民的抵抗意志，同时寻歼中国空军主力。在南京空战中，日本海军航空队第13航空队第2分队分队长山下七郎大尉成为第二个被击落的日军王牌飞行员。1937年9月22日，山下七郎从上海公大机场起飞，掩护轰炸机群轰炸南京。在苏州附近，遭到中国空军的拦截。激战中，山下七郎的座机被高志航驾驶改造后的霍克-III击伤，迫降于苏州东面的太仓县境内。山下七郎和他所驾驶的“九六”式第126号舰载战斗机一起被俘获。山下七郎成为日军“四大天王”中惟一被生俘的飞行员。山下在受审时,很快供出了他的姓名、军衔等情况,而且还供出他参加侵华战争犯下的一系列罪行。后来,山下七郎同其他日军被俘人员一起被关押在成都的战俘管理所。山下利用看管不严的机会,积极搜集军事情报,并组织战俘越狱逃跑。事情败露后,山下七郎于1945年被判处死刑。

1938年1月7日，日本海军第12航空队分队长潮田良平率舰载战斗机9架，掩护木更津航空队12架轰炸机,由南京大校场起飞空袭南昌。中、苏空军飞机起飞拦截。空战中,潮田良平的座机被中国空军驱逐机第5大队飞行员徐葆畇驾驶的苏制И-15战斗机击中。潮田良平成了第三个被击落的“四大天王”。

日海军第15航空队飞行队长南乡茂章是“四大天王”之首的“空中霸王”，1938年7月18日,南乡茂章率舰载战斗机6架,掩护轰炸机14架,攻击机5架,由安庆起飞轰炸南昌,在鄱阳湖上空与中国空军展开激战。南乡茂章抱一个信念:先打掉对手的领队长机,以先声夺人,置对手于混乱之中。日军航空兵的这一传统战术曾因为他而屡放光芒，也使他越来越坚信这一战术是有效的。在混战中,他捕捉到苏联空军志愿大队大队长勃尔盖维森斯基的座机,并不动声色地向其逼近。这时,中国空军的一架飞机不幸中弹,但飞机员没有跳伞求生,而是驾驶受伤的战机向附近的一架日机撞去。这架飞机正好是南乡茂章的座机。南乡茂章发觉后迅速躲避,但为时已晚,最后两机双双坠落于鄱阳湖中。南乡茂章毙命后,日海军次官山本五十六大将亲自参加追悼会,哀悼这个“空中霸王”。

1939年1月,中国空军最高统帅机构——航空委员会迁往成都,成都成了抗战时期中国空军的指挥中心,也成了日本空军打击的重要战略目标。

1939年11月4日,日本海军第13航空队司令奥田喜久司大佐率领54架重型轰炸机由武汉分两批空袭成都。中国空军第5大队等部29架驱逐机分批起飞拦截。先行起飞的第17中队7架“地瓦丁”式和第27中队7架И-15式驱逐机在成都至温江之间地区担任警戒任务，随后起飞的第29中队9架И-15式在成都上空巡逻,大队长王汉勋率第26中队6架И-16驱逐机在温江上空待战。

当奥田喜久司直接指挥的第13航空队首批27架“九六”式攻击机侵入成都凤凰山机场上空时，遭到中国空军第29中队迎头痛击。副中队长邓从凯求战心切，当他发现日军领队长机时，立即加大油门向其冲去。日长机见遭到攻击，拼命机动逃脱。邓从凯咬住不放，紧追不舍，一直追到成都以南仁寿和简阳交界处上空，终于将其击落，机上人员全部毙命。邓从凯因座机多处受伤而坠落阵亡。事后查明，邓从凯击落的敌机正是奥田喜久司的座机。清理遗物时发现有中国驻成都军政机关详细位置的地图、刻有“爆击之王”字样的佩剑和奥田喜久司的印章，此外还有一个内装小佛像的银盒。

奥田喜久司号称日本海军“轰炸大王”，早在1937年就晋升为大佐，曾任日海军航空本部总务部第一课长，1938年12月15日任第13航空队司令官，曾多次指挥和参与轰炸南京、武汉、重庆等地，罪行昭彰。他是抗战时期中国空军击毙的日海军航空队军阶、军职最高的军官。

6. “人道远征”、“纸片轰炸”

1937年初国民政府军事委员会参谋本部制定的《国防作战计划》中，要求空军“准备全部重轰炸机袭击敌之佐世保—横须贺及其空军根据地，并破坏东京—大阪各大城市”。但这一计划迟迟未能实施。

到1937年底，中国空军随着战争的失利，战机也损失了大半，残损和不能参加战斗的飞机也调离第一线转到大后方。中国空军在极度困难的条件下，决定远征日本本土，散发传单，实施宣传、示威性的“人道主义”空袭。接受这一重要任务的是中国空军第14中队中队长徐焕升和第19中队副中队长佟彦博，两架轰炸机上另各有飞行员3名。

1938年5月19日23时48分，两架装满各种宣传传单的飞机起飞，5月20日凌晨2时25分，以3500米高度飞临日本长崎上空，撒下了第一批传单。3时45

德威並用
智勇雙全

←1938年5月19日，中国空军飞临日本上空散发传单。胜利归来后，中国共产党和八路军向空军司令部赠送了慰问品和锦旗，图为周恩来（右二）、王明（右三）及八路军驻武汉办事处人员展示赠送的锦旗

↙董必武（左一）、边章五（左五）、李涛（左六）代表中国共产党和八路军到空军司令部慰问并赠送奖旗

分，双机编队到达福冈上空，在撒下传单的同时投下了照明弹。4时32分，编队飞越九州上空，第三次撒下传单。飞机在日本长崎、福冈、久留米、左贺及九州各城市总共投下传单100多万张。之后，飞机掉头向西沿原路返航。5时23分，双机编队完成任务后顺利飞到公海。8时48分，佟彦博在玉山机场降落，徐焕升9时24分在南昌降落。两架飞机在机场加油后再次起飞，于11时13分在武汉上空会合后，安全降落汉口机场。至此，第一次远征袭击日本本土胜利完成。

5月20日清晨，从睡梦中醒来的日本长崎、福冈等城市的居民发现，一夜之间，街道上、屋顶上到处是传单。传单内容计5份，分别为："中华民国"中日人民反侵略大同盟告"日本人民"，"中华民国"外交协会告"日本政党人士"，"中华民国"农民协会告"日本农民大众"，"中华民国"总商会告"日本商工业者"，"中华民国"总工会告"日本的劳动者诸君"。其中一份传单上写着："亲爱的日本人民诸君，贵国法西斯军阀不断榨取贵国民众膏血，驱使劳苦民众与中国兄弟互相残杀，现在已经到了反抗暴举的时期。我们中日两国人民，紧握着手，打倒共同的敌人、暴戾的日本法西斯！"另一份传单上则写着："尔国侵略中国，罪恶深重。尔再不训，则百万传单，将一变为千吨炸弹，尔再戒之。"

这是日本有史以来第一次被外国飞机袭击。

这次被称为"纸片轰炸"和"人道远征"的空袭，在国内外引起巨大反响。5月22日，周恩来等代表中共中央

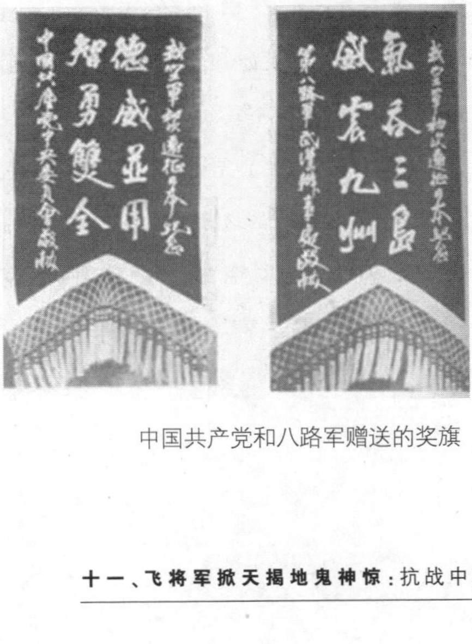

中国共产党和八路军赠送的奖旗

蒋介石(左)与陈纳德(右)。1941年春,美军空军退役中校陈纳德来在重庆创立美国飞行义勇队,通称“飞虎队”,主要从空中保护盟国向中国运送装备的滇缅公路

和八路军办事处亲自到空军司令部,对凯旋的空军人员进行慰问,并敬献锦旗两面,上面各写着“德威并用,智勇双全”和“气吞三岛,威震九州”八个大字。周恩来还发表了讲话,并与徐焕升和佟彦博合影留念。苏联《莫斯科新闻》称:中国空军“创造出许多光荣的战绩,并完成远征日本的艰巨任务。中国空军在抗战中占重要地位,无疑在将来要充当更重要的角色。”英国《新闻记事报》社论称:“中国空军日前飞往日本散发传单,唤醒日本人民推翻军阀,此事意义极为重大,亦饶有趣味。”美国《华盛顿邮报》称赞中国为人道远征,“中国空军报复日机之轰炸为散布传单,与日本之文明相较,实令日本置身无地”。

6年后,美国著名的《生活》杂志评选刊登了“二战”中闻名全世界的12名飞行员的照片,其中就有中国飞行员徐焕升,照片文字说明中称徐焕升是“先于美军杜立特少将轰炸日本本土的第一人”。

抗日战争战争中,年轻的中国空军面对飞机数量和质量都占有优势的敌寇,毫不畏惧,奋勇抗敌,谱写了一曲曲气吞山河、悲壮激昂的乐章。自1932年一·二八事件始,至1945年8月14日止,中国空军共出动飞机1128批,8847多架次,击落敌机529架,击伤敌机110架,炸毁敌机227架。同时,中国空军空战中一共牺牲空勤人员661名。空军英烈不畏强敌,前赴后继,死事惨烈,足以为后人铭记。

1944年5月6日,美国飞行员叶里洛拉带领轰炸机10架,战斗机20架,由湖南零陵起飞,袭击汉口,经过监利时,因气筒爆炸被迫跳伞,降落于周老咀附近,为我新四军第5师部队营救

十二

湘西雪峰战役：

“皇军”成了案板上的肥肉

八月十五复仇节，八月十五胜利天。
伏尸流血五千里，尝胆卧薪一百年。
虎待全擒须扫穴，鱼还未得莫忘筌。
拼将福祉贻孙子，嘉陵山头看月圆。

1. 芷江

湘西地形险峻，山峦起伏，河道纵横，海拔1000米以上，绵延300多公里呈南北走向的雪峰山脉，是我国地形第二、三级梯阶分界线，为湘西崇山峻岭的第一道脊梁。国民政府迁都重庆后，湘西的战略地位迅速提升。这一地区是进出黔、川，威逼贵阳，迂回重庆的军事要冲地带。湘西若失、贵阳危急，重庆将陷于不保。

芷江处湘西边陲，在雪峰山脉的怀抱之中，是湖南进入西南地区的重要通道，素有“滇黔门户，全楚咽喉”之称，历来为湖南西部军事重镇。夏属荆州西南地域，商周属荆楚地，秦归辖黔中郡。公元前202年，设无阳县，是芷江地方建县的开始。屈原流放湘沅，因其《湘夫人》中有“沅有茝兮澧有兰”的诗句，故改名芷江。抗战期间，芷江是国民政府重要战略基地之一，储备有大量作战物资。尤其是芷江机场，是当时中国空军的重要基地。

1938年1月，几万名民工汇集芷江，拉开了修建芷江机场的战幕。10月，机坪跑道扩修完成，导航台、指挥塔、掩体、疏散道等设施投入使用。1940年至

修复适于轰炸日本本土的芷江机场

1945年初，国民政府又多次征集大批民工和投入巨资，加固扩修机场，芷江由此成为盟军在远东的第二大军用机场。

芷江镇，瞬间从几千人膨胀到几十万人，热闹非凡，被称为“小南京”。国民党宪兵司令部、中央政治大学、航空第九总站等大批机关、学校、工厂，浩浩荡荡涌入芷江；中、苏、美、英等国空军相继驻此，芷江境内驻军云集，各军队及军事机构多达220多个，驻军总数达10万多人。从1938年冬到1945年10月，中国空军第2大队、第4大队，苏联志愿军空军中队，美国空军第14航空队、“飞虎队”，中美空军混合团第1大队（轰炸机队）、第5大队（战斗机队）进驻芷江机场。尤其是1944年初至1945年8月，中美空军的大批鲨鱼式、野马式、黑寡妇式战斗机、侦察机、中程B–25型轰炸机、大型C–46式运输机聚集在芷江机场，最多时达三四百架。芷江不仅是盟军的重要空军基地，而且成为保卫大西南后方的钢铁屏障和迎接全国大反攻的前哨阵地。

芷江机场的盟军飞机除与日机进行空战外，还担负着轰炸和切断华北、华中日军驻地后勤补给线、封锁长江、湘江及京广铁路运输线，阻止日军进攻大西南的重要任务。当时芷江机场是军事保密重点，凡这一地区空军作战战果报道，均以“红岩机场”、“湘西某机场”、“湘西盆地机场”等代号发布，为此，就更为芷江蒙上了一层厚厚的神秘面纱。在1944年的日军“1号作战”（豫湘桂会战）中，中美空军在衡阳、零陵、宝庆、桂林、柳州、丹竹、南宁等地的7个空军基地和30余个飞机场，相继被日军占领或捣毁。1945年3月下旬，日军付出了惨重伤亡，夺得了南阳、襄阳、老河口等军用机场。然而，日军后方的兵站、基地和运输线，仍然受到神秘机群攻势更强的狂轰。日军终于发现：神秘的机场，神秘的机群，不在别处，就掩藏在湘西莽莽大山里，掩藏在芷江。

不断的轰炸，致使日军上海、南京至武汉的长江航运受阻，武汉至广州的铁路运输中断，东北、华北、太平洋、东南亚各战区连成一片的计划成为泡影。日军哀叹：“在中国战场，过去一直是由我们掌握绝对制空权作战，现在则经受了完全新的体验。”芷江成了日军的心腹大患。冈村宁次决定孤注一掷，夺下芷江，进而攻占四川。一场围绕芷江的争夺战——“湘西会战”，就在这种严酷的气氛中开场了。

2. 冈村宁次孤注一掷

冈村宁次先后毕业于日本陆军士官学校和陆军大学，1932年任日本上海派遣军副参谋长，参与制造一·二八事变，率部侵犯上海。1933年，关东军侵犯热河、长城，威逼平津，他代表日方迫使国民党当局与之签订了屈辱的《塘沽协定》。1941年晋升为上将，任侵华日军华北方面军司令，疯狂推行烧光、杀光、抢光的"三光政策"，对抗日根据地实行"烬灭扫荡"，罪恶滔天。1944年，先后任侵华日军第6方面军司令和日本中国派遣军司令。冈村宁次升任日本中国派遣军司令后，野心勃勃。他想创造一个奇迹，试图在湘西歼灭中国军队主力，而后进攻重庆，以彻底解决中国问题，然后抽兵支援已显败局的东南亚战场。

日本侵华主要战犯冈村宁次
（1884—1966年）

根据冈村宁次的设想，日本中国派遣军参谋部拟定了一个会战计划。计划准备从1945年3月份开始实施，由第20军的3个师团从邵阳向芷江进攻，用1个月时间占领涪陵，尔后攻占重庆；自3月下旬开始，第11军的3个师团由宜山进攻贵阳，再向安阳扫荡；5月下旬，第11军、第20军向泸州推进，北向进攻成都。

这是一个孤注一掷的计划。在1944年豫湘桂会战中，日军占领了豫湘桂大片土地，打通了大陆交通线。但它在这次会战中消耗了大量的人力物力，原来已经不足的兵力更为不足和分散，战略态势与会战前比更为不利。在这种情形下，冈村宁次试图再发动一次大规模的会战，用他自己的话说，是向中国军队摊牌，但冈村宁次还是对这个计划充满信心。为了获得日本大本营的批准，他派自己的参谋长松井太六郎中将回东京，直接递交战役计划，但日本大本营对冈村宁次的冒险不感兴趣。在豫湘桂会战后，日本军方就意识到，日军在中国的战线明显偏西，如果中美部队发起新的进攻的话，日方将处于极为不利的态势。日本大本营规定中国派遣军应实行东、西两面战略，东主西从，即以对美军为主，对中国军队为辅。因此日本大本营要松井太六郎告诉冈村宁次，让他放弃湘西雪峰战役的计划，全力对付美军在中国东南沿海的登陆。

但日本军队体制上的老问题再次暴露出来，日军前线带兵长官的位阶与权力，都要大于参谋本部的参谋，因此日军前线部队敢在战场上独断行事，而这往往涉及推翻或是危及日军全面的作战计划。在被大本营否决后，冈村宁次仍在积极地准备着他的湘西会战计划。冈村宁次在南京召开由各方面军司令官参加的军事会议，鼓动他们支持自己的计划。这个计划遭到了日本华北方面军司令官、第6方面军司令官等人的反对，但由于冈村宁次的坚持，多数司令官表面上同意进行湘西雪峰战役。

于是冈村宁次和日本大本营玩起了文字游戏，拟定了一个表面上看起来是执行大本营对付美军登陆的指令，而实际上仍在进行湘西会战的计划。他告诉大本营，为了对付美军登陆，必须先摧毁美军在芷江的机场，以免在日后反美军登陆作战中，遭受中美飞机的侧背攻击。他认为，中国军队必会全力保卫芷江，因此，长江以南的日军都应投入芷江作战。显然他的意图仍在于以芷江为突破口，向纵深发展，一举全歼重庆主力。

结果，日本大本营给了冈村宁次一个模棱两可的答复：中国派遣军司令官应准备击退在中国东南沿海登陆的美军主力，打乱他们的作战意图，确保大陆的主要地域，并要相机削弱重庆的军力。但大本营也认为，在日军进行抗击美军登陆中国沿海的作战时，从侧背芷江机场起飞的中美空军，将会给日军造成重大伤亡。因此，必须拔除这颗钉子。冈村宁次认为，大本营基本同意了他进攻芷江的计划。

日本大本营同意芷江作战目的在于摧毁芷江的空军基地，但冈村宁次内心始终不肯放弃进攻四川的念头，他要借机实施自己的计划。如日本战史专家所说的："冈村总司令的真正意思，却是以重庆为重点，是西主东从的。也就是说，他所期望的是一面促进对美作战准备，一面依据已下达作战命令的芷江战役的进展情况，继续扩大西面作战。"

冈村宁次将芷江作战的主攻任务交给第6方面军的第20军，参战兵力包括第116师团、第34师团、第68师团和第47师团等，约8万人，第20军司令官坂西一良中将驻邵阳指挥。

国民政府倾其全力积极组织湘西会战，战斗序列如下：王耀武的第4方面军，辖第18军（胡琏）、第73军（韩浚）、第74军（施中诚）、第100军（李天霞），新6军作为第4方面军的总预备队；汤恩伯的第3方面军，辖李玉堂第27集团军，包括第20军（杨干才）、第26军（丁治磐）、第94军（牟庭芳），王敬久第10集团军，包括第92军（侯镜如）等。总计陆军为 8 个军 23 个师 12 万余将士，由陆军总司令何应钦担任总指挥。以上中国军队均为中央精锐嫡系。其中第 18、第 73、第 74、第 94、新编第 6 军等共 15 个师，均为全部美械装备的部队。仅这 15 个师的战斗力就优于日军数倍，再加上另 11 个师，与日军参战兵力相比，中国军队占有绝对优势。不仅当面力量对比不利于日军，就是整个后备力量中方也开始占据优势。1945 年初春，中印公路和输油管道已通至昆明，从印度输入的美国租借法案物资每月可达 6 万吨以上。

湘西会战，日军难逃失败厄运。

3. 日军成了案板上的肥肉

湘西雪峰战役从 1945 年 4 月 9 日开始，6 月 7 日结束，主要在湘西邵阳、芷江、新宁等地进行。

4 月 9 日，日军主力第 116 师团从邵阳兵分三路，正面向西往雪峰山突击推进。最初日军推进得相当顺利，这增强了坂西一良的决心，他命令部队继续向雪峰山脉深处机动，从东、北两方面包围中国军队。

但战况很快发生了变化。4月23日第116师团右纵队在圭洞以东遭到第74军第51师坚强抵抗，转为守势，至25日，该师团第109联队仅剩546人。4月25日，日军左路第116师团第120联队在进攻洞口时，遭到第74军第57师的猛烈阻击。第57师与日军第116师团是老对头，在1943年的常德会战中，两军血战16昼夜，第57师几乎全军覆灭。这次狭路相逢，第57师官兵决心报常德会战之仇。在第57师的顽强打击下，日军第120联队伤亡1000余人，始终未能攻占守军阵地。

在日军南线进攻线上，首先发起进攻的是关根久太郎的第58旅团。第58旅团的独立第115步兵大队先占领武阳，为策应第116师团的正面进攻，又派独立步兵第117大队于4月27日起猛攻武冈。驻守武冈的是第74军第58师。

武冈位于资水上游北岸，是中国军队南线的战略支撑点。武冈城内外构筑了三道防御阵地，全用黄沙、细沙、石灰混合筑成；内部防线是用糯米熬成稀粥掺和三合土构筑，一般手榴弹是无法炸开的。

4月27日日军独立步兵第117大队在十几辆坦克的掩护下，从东、西、南三面向武冈城发起进攻。第117大队大队长永里偃彦对胜利充满信心，布置完攻城任务后，他对勤务兵说，收拾好东西，准备进城喝茶去。

然而，日军三天内的十几次进攻都被中国军队打退。关根久太郎拿出了他的毒招，动用了步兵的“特攻队”。150名“特攻队”队员身绑百斤重的炸药，头缠有太阳徽号的白毛巾，先是冒死冲到城下，然后拉响了导火索。随着“人肉炸弹”的爆炸，城墙被炸开了一个大缺口，但很快被早有准备的守军堵住。关根见“人肉炸弹”一招不行，又命“特攻队”用绳梯登城，但悬挂在城墙上的“特攻队”队员，在守军美式卡宾枪、汤姆冲锋枪和火焰喷射器的扫射下，纷纷落下。护城河堆满了尸体，河水成了血水。一直到5月2日，武冈城依然在守军手中。

在日军多路进攻受阻的情形下，5月1日，我第4方面军展开反击。日军被迫自5月3日起由攻势作战转为守势作战，5月4日下达第116师团和第58旅团撤退至山门、洞口、花园市一带整顿的命令。就在这一天,何应钦下达转移攻势的命令。

此时,第94军第5师已将关根旅团的第115大队包围在武阳地区,在第5师优势火力的压制下,日军被冲得七零八落,到5月10日,第115大队自大队长铃木妥成以下官兵大部被击毙,只有炮兵小队长西政次郎等几人侥幸逃脱。同时,何应钦令第44师从背后攻击在武冈的日军第117大队。守城部队见援军来了,顿时杀出城外反击,关根旅团第117大队腹背受敌,危在旦夕。冈村宁次立即命令关根旅团撤出战斗,向武阳靠拢。何应钦向美国空军求援,不到两小时,从芷江起飞的14架战机,对刚到武阳城外的第117大队轮番轰炸,凡有日军的地方,均遭到美国的凝固汽油弹的袭击,到处是一片火海,第117大队只得向高沙市逃窜,何应钦立即派第74军前往拦截,将其包围在高沙市西北地区,全歼了第117大队。

5月9日,冈村宁次下达了中止芷江作战、部队适时撤回原驻地的命令。我军开始全面反击。在追击中,日军第109联队大部被歼,第133和第120联队损失惨重。至6月7日,日军残部在第20军新调的近10个大队组成的集成部队掩护下, 逐次退到邵阳地区。我第4方面军收复了所有在这次作战中失去的阵地,恢复了战前态势。湘西雪峰战役至此结束。

湘西战役,中国军队在装备上已经超过日军,在兵力上占绝对优势,而且中美空军控制了战场上空,日军航空兵几乎完全丧失活动能力。日夜不停的轰炸,敌粤汉、湘桂铁路运输线瘫痪中断,长沙、衡阳、冷水滩机场被炸毁,日军的集结、补给严重受阻。这就使得日军在作战中处于被动挨打的地位,其芷江作战以彻底失败告终。据国民政府军事委员会在抗战胜利后的统计,此役共杀伤日军28174人,俘军官17人、士兵230人。日军第20军当时的统计是,战死1017人,病死2181人,战伤1181人。日军公布的数字肯定是缩小了的,冈村宁次的总参谋长小林浅三郎在给他家人信中说得很清楚:“冈村宁次发动的芷江作战,我们大日本皇军成了中国军队案板上的肥肉。”

4. 日军的混乱情绪

战争进行到1945年初，日本法西斯的败相已日益明显地表露出来了。在太平洋战场上，这年3月，美军占领了莱特岛，4月1日，美军开始进攻冲绳岛，向日本本土发起攻击；在东南亚战场上，中国远征军的反攻作战已经取得决定性胜利。在这种背景下，冈村宁次发动芷江作战，本身就是一种混乱情绪的产物。他既没有听从大本营的指令，也没有听取部下的劝告，发起了被他称为向中国摊牌的会战。这位双手沾满了中国人民鲜血的战争狂人，已经被要挽救日本法西斯灭亡的狂妄情绪所控制。

然而，日本法西斯行将覆灭给日军官兵带来的心理阴影，并不会因为冈村宁次的狂妄而消除。指挥芷江作战的日军第20军司令官坂西一郎，是留学过德国的陆军大学高材生，为日本关东军的著名战将，而到芷江作战时他已堕落为一个酒鬼，酒醉后行为古怪，语言粗暴。他的部下发牢骚，“军司令官可能是饮酒过量的缘故，有些神经过敏。事无巨细，都要亲自处理，参谋们很不愉快。而且统率风度不够稳重，缺乏体察实际情况的精神”。

在进攻失败后，日军官兵中充满了厌战情绪。第116师团长岩永汪和第47师团长渡边洋联合发电报给南京的冈村宁次，要求中止芷江作战。冈村宁次认为这两个师团长充满了失败主义情绪，要严肃处理。他派参谋长小林浅三郎前往前线调查。小林浅三郎回来告诉他，前线官兵厌战情绪相当严重，官兵装病的多，夜间开小差的多，贴反战标语的多，自杀的多，甚至有的士兵公开枪杀军官后再自杀。小林浅三郎还说，已有5名联队长提出了辞职返乡的要求。厌战情绪在日军官兵中流行着，它说明，日本侵略军真的是气数已尽了。

当然，在日军官兵中，与冈村宁次一样有着不甘失败情绪的人也大量存在。直到日本宣布战败后，有的日军军官还不承认战败，公然说，20年后日本会更强大；有的在墙上书写“二十年后再来”的口号；还有一些军官喝醉后投江或剖腹自杀。

5. 鬼子的末日来到了

日军已经是日暮途穷了，完全没有了昔日攻城掠地的嚣张气焰。在正面战场上，日军已不能再战胜国民党军队了。在敌后战场，中国人民的抗日武装从1944年起普遍开始了攻势作战。

山东军区在1944年进行了3514次主要战斗，其中主动发起的进攻作战占73%，将原有敌伪据点攻克逼退了大半，从根本上扭转了山东地区对敌作战形势。

冀鲁豫军区在1944年的攻势作战中，歼灭日伪军1.6万余人，收复县城7座。局部的反攻作战将从前的小块游击区扩大，连结成了大块根据地，大大巩固了冀鲁豫根据地。

日军向八路军缴械投降

太岳军区在1944年收复了沁水县城，攻占迫退了28处敌据点，开辟了大片新根据地，并控制了黄河的芮村、蓼坞等渡口。

在1944年的作战中，晋察冀军区共歼灭敌伪4万多人，克复逼退1700个据点、碉堡，扩大了根据地。

晋绥根据地也开创了向敌局部反攻的新局面，在秋季攻势中，收复国土110平方公里，解放5万多人民；在汾阳攻攻击战中，攻克据点48个，收复国土770多平方公里，解放人口5万多。

华中敌后根据地在1944年的攻势作战中，共歼敌5万多人，解放了7400多平方公里的国土，沟通了津浦路东各根据地的联系。

1944年，河南各根据地发展迅速，开辟了豫西，发展了豫南，扩大了豫东，恢复了豫皖苏边区抗日根据地，进一步打通了华北、华中两区的联系，基本达到了预定"缩毂中原"的战略目的。

1945年，各解放区开始了更大规模的反攻，至8月10日，八路军、新四军及抗日游击队共歼俘日伪军12万多人，攻克53座城市，在华北、华中许多地区，已将敌伪逼退到铁路沿线和主要公路干线的一些孤立据点里，为发动对日寇最后一役创造了有利条件。

1945年8月9日，毛泽东发表了《对日寇最后一战》的声明，10日，第18集团军总司令朱德发布了战略大反攻的第1号命令，号召抗日根据地的军民们向日军发起了最后一击。日本侵略者的末日已经来到了。

6. 受降

在绝望中，1945年8月15日，日本天皇宣告"终战诏书"，宣布无条件投降。

国民政府致电日军总司令冈村宁次，令其派代表到玉山(在江西省上饶市)接受中国陆军总司令何应钦的命令。同时，国民政府指派何应钦为中国战区受降主管。后玉山机场因下雨受损，临时把受降地改为芷江，设在七里桥空军5大队14中队俱乐部。

8月20日上午，国民党各战区和各方面军长官汤恩伯等人陆续到达芷江。傍晚，何应钦及其参谋长萧毅肃、行政院顾问团以及新闻记者等50余人，分乘4架运输机飞抵芷江。

受降会场为一西式平房，东西两头有出口处及休息室，正中是会场。会场前有一旷地，左右都有马路可通。路口各扎松柏牌楼一座，左边入口处缀“公理”两字；中为V字，上扎“和平之神”；右边则缀以“正义”两个字。会场前旷地上高竖中、美、英、苏四国国旗。

21日上午10时，何应钦召开记者招待会。11时15分，日机飞抵芷江机场，冈村宁次的洽降代表、日军中国派遣军副总参谋长今井武夫走出机舱，立正请示，征得答复后，面带戚容地走下飞机。下午3时，中方受降代表、列席代表、中外来宾齐汇会场。3时40分，日本降使今井武夫等入场，坐在下方投降代表席。下午4时，受降仪式正式开始，今井武夫向受降代表萧毅肃出示了证明身份的作战命令副本，呈交了日本在华兵力配备分布图，接受了中国陆军总司令部致冈村宁次中字第1号投降命令备忘录。4时40分，今井武夫在“受降取证”书上签字。4时50分，日本降使退出会场。至此，由日本一手在中国卢沟桥上点燃的战火，在湖南芷江七里桥头熄灭。中美军政界人士及中外记者

日本天皇宣布无条件投降

日军俘虏听日本无条件投降的消息

在湖南芷江的洽降会上，中国陆军总部的代表向日本侵略军的代表今井武夫一行进行训示

侵华日军总司令冈村宁次派其副总参谋长今井武夫一行4人，飞抵湖南芷江向中国军队洽降

日军交出在华兵力配备图

今井武夫抵达洽降会场

100余人列席会议。

9月2日，东京湾密苏里舰，中、美、英、苏、澳、加、荷、新(西兰)八国代表齐聚，日本外相重光葵、参谋长海津美治郎，代表日本政府签署降书。

9月3日，定为中国人民抗日战争胜利纪念日。

中国战区日本投降签字仪式确定在南京举行。

1945年9月9日9时，是中国人民永远难以忘怀的时刻。此时，侵华日军总司令冈村宁次在国民党陆军总司令部签下了投降书。在中国近代史上，中国和外国签订了近百个条约，惟独这一次是胜利的。在南京，各机关团体、工厂、院校、商店，到处挂满了国旗，主要街道上扎起了松柏牌楼，牌楼上高高悬挂着的两面国旗间，夹着鲜红夺目的"V"形标记，在青翠的牌楼中嵌着"胜利和平"四个金色大字。黄埔路中国陆军总司令部大门上，扎了彩色牌楼，牌楼中间嵌着"和平永奠"四个金色大字。总司令部广场旗杆林立，悬挂着联合国52个国家的国旗。

8点多，日军签降代表冈村宁次等7人，个个剃光头，在中国陆军总司令部军训部次长王俊中将引导下，分乘三辆小车，从青岛路1号出发，在人群的喧闹声中，向黄埔路驶来。南京人一大清早纷纷涌到冈村宁次车子必经的广州路、珠江路、黄埔路两侧，要亲眼目睹这个杀人魔王失败后的表情。一路上，万头攒动，人声鼎沸，有人放鞭炮送瘟神，有人扔石子、掷西瓜皮，气愤的人群挥舞着拳头。

受降仪式在中央陆军军官学校大礼堂举行。礼堂中央高悬着孙中山先生的巨幅照片，屋顶上垂下宽大的中、美、英、苏四国国旗，四周摆满了鲜花和松柏，中间设了受降席和投降席。受降席由三张方桌拼起，对面的投降席由三张美式长条茶几拼起，上面均用白布铺着，受降官坐的是皮包弹簧椅，投降官坐的是布包弹簧椅。新6军负责仪式的警戒工作，士兵们头戴钢盔，脚穿皮鞋，戴着白色手套的双手紧握着冲锋枪，增添了会场的肃穆紧张气氛。受降与投降席两侧坐的是从重庆飞来的少将和省长以上接受大员们以及美、英、法、苏、加拿大、荷兰、澳大利亚等国的军官代表团和中外新闻记者、摄影师。

8时53分，何应钦宣布中外记者摄像5分钟，然后令冈村宁次呈交证明文

芷江受降纪念坊

件。9时整，签字仪式正式开始。冈村宁次在签字时，手微微颤抖，所盖图章也略微向右倾斜，并在签字后盖章后低头俯视投降书50秒钟左右。9时6分，何应钦在日本投降书上签字受降。9时8分，何应钦把蒋介石的《中国战区最高统帅命令第一号》交萧毅肃转送冈村宁次，冈村宁次再在受降证上签字盖章。至9时10分，签字仪式全部完毕，日方投降代表退出会场。

至此，中国人民终于取得了抗日战

1945年9月9日，侵华日军总司令冈村宁次向中国政府代表何应钦投降

同盟胜利纪念戒指

延安人民庆祝抗战胜利

↑台湾行政长官公署主任陈仪在日军受降典礼上

↓台湾同胞欢庆回归祖国

争的伟大胜利。全国汇成了一片欢乐的海洋，喜庆气氛弥漫了华夏大地。人民以各种方式庆祝胜利，革命老人谢觉哉在中秋节这天写了一首《抗日战争胜利》的诗，抒发情怀：

八月十五复仇节，
八月十五胜利天。
伏尸流血五千里，
尝胆卧薪一百年。
虎待全擒须扫穴，
鱼还未得莫忘筌。
拼将福祉贻孙子，
嘉陵山头看月圆。

主要参考文献：

中国第二历史档案馆编：《抗日战争正面战场》，上、下册，江苏古籍出版社，1987年版。

郭汝瑰、黄玉章主编：《中国抗日战争正面战场作战记》，上、下册，江苏人民出版社，2002年版。

全国政协《武汉会战》编审组编：《武汉会战》，中国文史出版社，1989年版。

全国政协《徐州会战》编审组编：《徐州会战》，中国文史出版社，1985年版。

全国政协《闽浙赣抗战》编写组编：《闽浙赣抗战》，中国文史出版社，1995年版。

全国政协《八一三淞沪抗战》编审组编：《八一三淞沪抗战》，中国文史出版社，1987年版。

全国政协《湖南四大会战》编写组编：《湖南四大会战：原国民党将领抗日战争亲历记》，中国文史出版社，1995年版。

《人民政协报》编：《华夏壮歌》，中国文史出版社，1986年版。

赵丰主编：《国民党抗战纪实》，中国戏剧出版社，1993年版。

谢学远主编：《血花》，东方出版社，2001年版。

胡兆才：《血战：国民党军正面战场抗战纪实》，中国社会科学出版社，2004年版。

田昭林、彭玉龙编：《燃烧的土地：著名战役录》，解放军出版社，1994年版。

程景、吴谦：《太阳旗的飘落——日本军队败战录》，北方文艺出版社,2001年版。

《李宗仁回忆录》,下册,中国人民政治协商会议广西壮族自治区委员会文史资料研究委员会编,1980年版。

图书在版编目(CIP)数据

中国人一定要记住的战事/李立志　翁笑冰编著.—南昌:江西人民出版社,2015.7(重印)
(抗战)
ISBN978-7-210-03144-4

Ⅰ.中...　Ⅱ.①李...②翁...　Ⅲ.抗日战争时期战役战斗—史料—中国　Ⅳ.E297.3

中国版本图书馆 CIP 数据核字(2005)第 032735 号

抗日:中国人一定要记住的战事
李立志　翁笑冰　编著
江西人民出版社出版发行
南昌市红星印刷有限公司印刷　新华书店经销
2009 年 5 月第 2 版　2015 年 7 月第 6 次印刷
开本:787 毫米×1092 毫米　1/16　印张:14.5　字数:180 千
ISBN978-7-210-03144-4　　定价:19.80 元

江西人民出版社　地址:南昌市三经路 47 号附 1 号
邮政编码:330006 传真:0791-86898827 电话:0791-86898815(发行部)
网址:www.jxpph.com
E-mail:jxpph@tom.com　web@jxpph.com